JO SEMOLA lebt in Köln, ist stolzer Familienvater und erfolgreicher Content Creator. Der gebürtige Süddeutsche und gelernte Veranstaltungstechniker entdeckte seine Leidenschaft fürs Brotbacken durch seine Frau Sarah und die gemeinsame Sehnsucht nach einem Leben in Kalifornien.

„Ich wandere nur mit dir aus, wenn es da auch richtig gutes Brot gibt!" Das war der Satz, der Jo zum Brotbäcker werden ließ. Er teilte seine Brotbackversuche über Social Media und was als Hobby begann, entwickelte sich schnell zu einer Leidenschaft, die wenig später zum Vollzeitjob wurde. Zusammen mit seinen Backerfolgen stieg auch seine Fanbase immer weiter an. Brotbacken, Ausprobieren und Experimentieren machen ihm Spaß – und das sieht man in seinen Videos.

Neben seinem Ziel des Auswanderns hat ihm das Brotbacken auch bei seinen Depressionen geholfen. Die Entschleunigung und der Spaßfaktor sind Balsam für die Seele. Mittlerweile sind die Auswanderungspläne vorerst auf Eis gelegt und er konzentriert sich voll und ganz auf seine Brotrezepte.

Willkommen! ♡

Ich freue mich, dich auf meine Mission „gutes Brot für alle" mitzunehmen. Ich wünsche dir viel Spaß beim Backen,

Jo

PS: Was ich sonst noch für meine Mission „gutes Brot" unternehme, siehst du hier:

WAKE & BAKE

OFENFRISCH FÜR DEN GANZEN TAG

Schnell und einfach
Brot und Brötchen backen

FOOD-FOTOGRAFIE HUBERTUS SCHÜLER
PORTRÄTS JUSTYNA SCHWERTNER

Focaccia

Röggelchen

Bagels

Lunchbox-Brötchen

Kartoffel-Dinkel-Brot

Croissants

Brioche mit süßem Sauerteig

Laugenbrötchen mit Sauerteig

Jos Sauerteig-Hausbrot

GUT ZU WISSEN

Gebäcke, die vegan oder vollwertig sind, sind entsprechend unter der Zutatenliste gekennzeichnet.
Neue Videos über grundlegende Techniken kannst du dir über den QR-Code anschauen. Du findest ihn auf den Rezeptseiten.

Hi, ich bin Jo und ich backe Brot.

Hallo und herzlich willkommen in meinem Buch „Wake & Bake“! Hier geht es um die Kunst des Brotbackens mit Übernachtgare und darum, wie du dein Brot schon morgens frisch aus dem Ofen holen und dann den ganzen Tag genießen kannst.

Ich bin begeistert und stolz, dir meine neuesten Rezepte präsentieren zu dürfen. Jedes Rezept wurde von mir persönlich entwickelt und getestet, um sicherzustellen, dass es perfekt funktioniert und dass das Ergebnis köstlich schmeckt.

Das Brotbacken ist eine Kunst, die ich seit vielen Jahren leidenschaftlich ausübe und bei der ich immer noch dazulerne. In diesem Buch möchte ich mein Wissen und meine Erfahrungen mit dir teilen und das Brotbacken einfach machen, damit auch du eine begeisterte Brotbäckerin oder ein begeisterter Brotbäcker wirst.

Deshalb gibt es auch einen Theorieteil, in dem ich alles Wichtige zur Übernachtgare und zum Brotbacken mit Hefe und Sauerteig darlege. Wenn du jedoch schon mal Brot gebacken hast und dich sicher fühlst, kannst du diesen Teil überspringen und direkt mit den Rezepten beginnen. Ich versichere dir, dass alle Rezepte so gestaltet sind, dass sie einfach zu befolgen sind und du auch als Anfängerin beziehungsweise Anfänger großartige Ergebnisse erzielst.

Ich hoffe, dass dir dieses Buch genauso viel Freude bereitet wie mir. Viel Spaß beim Backen!

Liebe Grüße

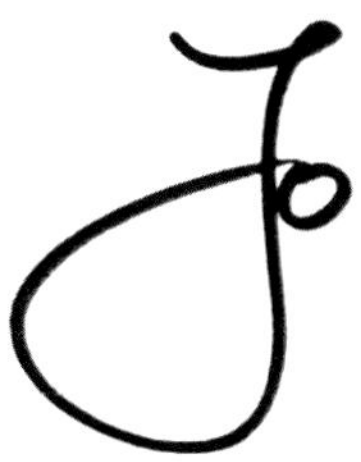

Die Idee von „Wake & Bake“

Wir alle lieben den Duft von frisch gebackenem Brot in unserem Haus, aber wer hat schon Zeit und Energie, um morgens aufwendig Brot zu backen? Die meisten Brotbackbücher sind so ausgelegt, dass das Nachbacken viel Zeit und Aufmerksamkeit erfordert.

Mit meinen Rezepten, die alle auf Übernachtgare basieren, wird der Teig am Vortag vorbereitet, um daraus am Morgen nach dem Aufstehen mit nur wenigen Handgriffen frisches Brot, frische Brötchen oder süßes Gebäck zu backen und den ganzen Tag zu genießen. Und das, ohne dafür viel Zeit und Energie aufwenden zu müssen.

Weitere Vorteile der Übernachtgare sind die intensive Aromaentwicklung, eine lockere Krume und die bessere Bekömmlichkeit des Brotes, die durch den langen Fermentationsprozess des Teiges gewährleistet wird. Dieses Buch bietet somit nicht nur praktische Rezepte, sondern auch gesündere Alternativen zu herkömmlichem Brot.

„Wake & Bake“ ist für Anfängerinnen und Anfänger sowie Fortgeschrittene gleichermaßen geeignet und enthält einen ausführlichen Theorieteil, der alle wichtigen Informationen zu den Themen „Übernachtgare“, „Brotbacken mit Hefe“ und „Brotbacken mit Sauerteig“ enthält.

Sicherlich hilft es auch, sich das eine oder andere meiner Videos anzuschauen. Dadurch wirst du besser verstehen, was ich hier oder da meine. Das ist aber kein Muss! Die Videos findest du auf meinen Social-Media-Kanälen auf Instagram, TikTok, YouTube und Pinterest sowie auf meiner Website www.josemola.de.

Für einige grundlegende und immer wiederkehrende Techniken habe ich dir extra eine Videosammlung erstellt, auf die du per QR-Code, der bei den Rezepten abgedruckt ist, Zugriff hast.

Aber denke daran: Beim Brotbacken geht es nicht nur um die Wissenschaft hinter dem Handwerk, sondern auch um Kreativität. Probiere die Rezepte aus, verändere sie später vorsichtig nach Belieben und lerne dabei aus deinen Fehlern und Erfahrungen. Und vor allem: Habe Spaß beim Backen!

Grundlegende und wiederkehrende Techniken

Einige Grundlagen, bevor du loslegst

Eigentlich musst du nicht viel wissen, um mit dem Backen zu starten. Alle Rezepte in diesem Buch sind so konzipiert, dass du einfach loslegen kannst. Ein paar Grundlagen werden dir den Einstieg dennoch erleichtern.

Hauptsache Mehl

In Brotrezepten spielt Mehl natürlich die Hauptrolle, deshalb ist die Mehlqualität von großer Bedeutung. Hochwertiges Mehl überzeugt nicht nur durch besseren Geschmack, sondern erleichtert durch seine hervorragenden Backeigenschaften auch die Verarbeitung. Besonders für den Einstieg empfehle ich deshalb, auf qualitativ hochwertiges Mehl zu setzen, um schnell gute Ergebnisse zu erzielen.

ⓘ Beim Kauf von Weizen- und Dinkelmehl solltest du auf den Proteingehalt (Glutengehalt) achten. Dieser sollte nicht unter 11 Prozent liegen, optimal sind 12 bis 13 Prozent. Für echte Spitzenqualität kann der Proteingehalt von Eliteweizen sogar 15 Prozent oder mehr betragen.

WEIZENMEHL Moderner Weizen ist das Ergebnis einer Jahrhunderte währenden Zucht, wobei die Verarbeitungs- und Backeigenschaften immer weiter optimiert wurden. Weizenmehl, das zweifellos am häufigsten verwendete Mehl, wird in verschiedenen Typen angeboten, die sich durch den Anteil von Kleie (Schale) und Keim unterscheiden. Je höher die Type, desto mehr Kleie und Keim enthält das Mehl. Type 405 ist beispielsweise eine sehr feine Sorte, die hauptsächlich aus dem Mehlkörper besteht, während Type 1050 einen höheren Schalenanteil hat und somit mehr Ballaststoffe enthält.

Aufgrund der starken Optimierung der Weizensorten kann Weizenmehl bei Menschen mit Glutenunverträglichkeit zu gesundheitlichen Problemen führen. Mit Ausnahme von Menschen, die an Zöliakie leiden, treten diese Probleme jedoch meist nur bei kaum fermentierten Backwaren auf. Durch lange Reifezeiten und den Einsatz von Sauerteig werden dagegen Weizenbrote für viele Betroffene wieder bekömmlich.

DINKELMEHL Aufgrund seines nussigen Geschmacks und seiner besonderen Backeigenschaften wird Dinkelmehl von vielen sehr geschätzt. Im Vergleich zu Weizen ist Dinkel eine weitestgehend unveränderte Getreidesorte, was für viele Menschen die Verträglichkeit verbessert. In Bezug auf seine Nährstoffe bietet Dinkelmehl ebenfalls einige Vorteile. Es enthält beispielsweise mehr Proteine und Mineralstoffe und hat einen niedrigeren glykämischen Index. Das bedeutet, dass Dinkelmehl langsamer verdaut wird und zu einem stabileren Blutzuckerspiegel beiträgt.

Das Klebereiweiß im Dinkel ist deutlich dehnbarer und dadurch weniger formstabil als in Weizen, sodass bei der Verarbeitung besonders auf ein gut entwickeltes Glutengerüst geachtet werden muss. Ein Nachteil von Dinkelmehl ist, dass es leicht trocken backt. Deshalb benutze ich in Dinkelrezepten gern Mehlkochstücke (siehe Seite 13), quellende Zutaten wie Körner und Saaten oder auch Kartoffeln, um das zu kompensieren.

ROGGENMEHL Im Vergleich zu Weizen- oder Dinkelmehl enthält Roggenmehl geringere Mengen Gluten und Pentosane, was zu einem weniger elastischen und deutlich klebrigeren Teig führt. Pentosane sind Polysaccharide (Vielfachzucker), die in vielen pflanzlichen Bestandteilen vorkommen. Sie können bei der Herstellung von Lebensmitteln wie Brot und Gebäck eine wichtige Rolle spielen, da sie als Schleimstoffe fungieren und dem Teig Elastizität und eine deutlich verbesserte Frischhaltung verleihen.

Allerdings können zu große Mengen Pentosane das Klebergerüst des Teigs stören und zu einer schlechten Textur oder einem instabilen Endprodukt führen. Deshalb ist der Einsatz von Sauerteig bei Roggenbrot essenziell, denn dieser stellt das Gleichgewicht zwischen Pentosanen und Gluten wieder her.

Backwaren aus Roggenmehl haben einen kräftigen Geschmack und eine dichte Konsistenz. Das Mehl enthält mehr Ballaststoffe und weniger Kohlenhydrate als Weizenmehl und ist eine ausgezeichnete Quelle für Mineralien wie Eisen, Magnesium und Zink. Roggenmehl enthält auch mehr B-Vitamine und Antioxidantien als Weizenmehl, was es zu einer gesünderen Wahl für die Ernährung machen kann.

MEHLMENGEN

Wenn du ein Rezept ausprobierst, achte darauf, dass du dich an die Mengenangaben hältst. Speziell bei der Mehlmenge solltest du besser keine Experimente machen, da sich alle anderen Mengen darauf beziehen. Es kann vorkommen, dass Mehle je nach verwendeter Marke unterschiedlich viel Wasser aufnehmen. In diesem Fall kannst du die Flüssigkeitsmenge vorsichtig etwas anpassen.

Auf Vollkornmehl umstellen

Wenn du in deinem Brotrezept Vollkornmehl statt Auszugsmehl verwendest, wird sich das Endprodukt ein bisschen verändern. Denn Vollkornmehl, das auch die Schalenbestandteile des ganzen Getreidekorns enthält, hat mehr Ballaststoffe und Mineralstoffe als Weißmehl und macht das Brot dadurch nährstoffreicher. Allerdings enthält es auch mehr Gluten, was dazu führen kann, dass das Brot dichter und schwerer wird. Aber keine Sorge, damit dein Brot und deine Brötchen trotzdem fluffig bleiben, solltest du den Teig einfach etwas länger ruhen lassen und mehr Flüssigkeit hinzufügen, denn Vollkornmehl braucht zum Binden mehr Feuchtigkeit als Auszugsmehl.

i Bei einem Vollkornanteil von 50 Prozent gibt man normalerweise 10 Prozent mehr Flüssigkeit hinzu, als man für einen Teig mit Auszugsmehl nehmen würde. Bei 100 Prozent Vollkorn sind es 15 bis 20 Prozent mehr Flüssigkeit.

Und nicht vergessen: Der Geschmack des Brotes und der Brötchen wird sich auch verändern, denn Vollkornmehl schmeckt nussiger und kräftiger als Weißmehl.

VOLLWERTIG

Es gibt keine allgemeingültige Definition für Vollwertigkeit, diese Auszeichnung beruht aber generell auf einer hohen Qualität der Zutaten und zeichnet auch Vollkornprodukte aus. Meine Backwaren bestehen aus möglichst naturbelassenen, unverarbeiteten Zutaten und sind selbstverständlich frei von künstlichen Zusatzstoffen. Es empfiehlt sich immer, ein qualitativ hochwertiges Mehl zu verwenden, wenn möglich Biomehl, dazu Biosaaten, Bioeier und Biomilch. Aber auch der Ausmahlgrad des Mehls spielt eine Rolle.

Das ballast- und nährstoffreichere Vollkornmehl ist eine gesündere Option und macht Backwaren vollwertig.

i Unter meinen Rezepten gibt es einige Brote und Brötchen, die einen Vollkornanteil von mindestens 30 bis 35 Prozent und bis zu 100 Prozent enthalten und somit als vollwertig einzustufen sind. Diese Rezepte habe ich unter den Zutatenlisten als „vollwertig" gekennzeichnet, damit du es gleich siehst.

MEASURING
AND
MIXING CUP

Die Schrittmacher: Teigvorstufen

Bei der direkten Teigführung werden alle Zutaten auf einmal zu einem Teig verarbeitet. Dagegen rührt man bei der indirekten Teigführung erst einen Vorteig oder eine Vorstufe an, bevor die Mischung später zu einem Hauptteig verarbeitet wird. Ich habe dir im Folgenden die gängigsten Vorteige oder Vorstufen zusammengestellt, mit denen auch ich in meinen Rezepten arbeite. Der Einsatz einer Vorstufe verbessert nicht nur die Teigeigenschaften, sondern auch Aroma und Frischhaltung des fertigen Brotes, denn durch die stufenweise Verarbeitung werden Mikroorganismen vermehrt, Aromastoffe gebildet oder Flüssigkeit gebunden und es verquellen Stärke, Ballaststoffe und Proteine.

AUTOLYSETEIG Mehl und Wasser werden bei dieser Vorstufe meistens ohne weitere Zugaben vermischt. Die Mischung, die kein Triebmittel enthält, ruht dann abgedeckt eine bestimmte Zeit zur Autolyse, sodass Proteine und Stärke quellen und ein Klebergerüst (Glutengerüst) aufgebaut werden kann. Der Autolyseteig bewirkt, dass der Teig später weniger geknetet werden muss.

FERMENTOLYSETEIG Diese Vorstufe ist eine erweiterte Form des Autolyseteigs. Anders als beim Autolyseteig wird hier zur Fermentolyse ein Triebmittel hinzugegeben, meistens Sauerteig. Wie bei der Autolyse baut sich ein Klebergerüst (Glutengerüst) auf, sodass die Knetzeit des Teigs später deutlich kürzer wird.

POOLISH Mehl und Wasser werden meistens zu gleichen Teilen mit einer sehr geringen Menge Hefe (ich verwende gern 0,1 g frische Hefe) gemischt. Nach einer recht langen Ruhezeit entsteht ein sehr weicher Vorteig, der die Dehnbarkeit des Hauptteigs verbessert. Das Brot bekommt eine aromatische Krume sowie eine schöne Kruste und hält sich länger frisch. Seinen Namen verdankt der Vorteig vermutlich einer polnischen Herkunft.

QUELLSTÜCK Wenn in den Teig feste, gröbere oder sehr trockene Zutaten eingearbeitet werden sollen, zum Beispiel Saaten und Schrot oder auch Nüsse und Trockenfrüchte, werden diese vorher mit kaltem Wasser vermischt und zum Verquellen beiseitegestellt. Die harten Zutaten werden weich und entziehen dem Teig später keine Flüssigkeit.

BRÜHSTÜCK Feste, gröbere oder sehr trockene Zutaten wie Saaten, Schrot, Nüsse und Trockenfrüchte, die dem Teig zugesetzt werden, werden mit kochendem Wasser übergossen und quellen eine gewisse Zeit. Wie beim Quellstück werden die harten Zutaten dadurch weich und entziehen dem Teig später keine Flüssigkeit.

MEHLKOCHSTÜCK Bei dieser Teigvorstufe wird Mehl mit Wasser oder Milch oder einer anderen Flüssigkeit verrührt und zu einer dicklichen Masse gekocht. Beim Aufkochen nimmt die Stärke im Mehl sehr viel Flüssigkeit auf und verkleistert. Eingearbeitet in den Hauptteig, werden die Brote dadurch weicher und luftiger und bekommen eine schöne saftige Krume.

HEFE UND SAUERTEIG sind so wichtig beim Brotbacken, dass ich im Folgenden detaillierter darauf eingehe.

Mach dich locker: Hefe und Sauerteig

Beim Backen von Brot gibt es zwei grundlegende Möglichkeiten, den Teig zu fermentieren und aufzulockern, und zwar durch den Zusatz von Hefe oder Sauerteig. Beide Methoden haben ihre Vor- und Nachteile und können zu unterschiedlichen Geschmacks- und Texturergebnissen führen. In „Wake & Bake" stelle ich beides vor. So hast du die Möglichkeit zu wählen, was am besten zu dir und deinem Geschmack passt.

HEFE – WAS IST DAS EIGENTLICH UND WIE FUNKTIONIERT SIE?

Backhefe, wie es korrekterweise heißen müsste, ist eine einzellige Mikroorganismenart (Saccharomyces cerevisiae), die bei der Verstoffwechselung Zucker in Kohlenstoffdioxid und Alkohol (<0,3 Prozent) umwandelt, wodurch der Teig aufgeht und beim Backen ein fluffiges, weiches Brot entsteht. Hefe arbeitet schnell und sorgt mit ihrer Triebkraft für eine rasche Gärung des Teigs.

ⓘ Die optimale Temperatur für die Hefeaktivität liegt zwischen 26 °C und 32 °C.

FORTSETZUNG HEFE – WAS IST DAS EIGENTLICH UND WIE FUNKTIONIERT SIE?

Wenn die Temperatur niedriger ist, wird die Hefeaktivität verringert, was zu einem langsameren Anstieg des Teigvolumens führt. Diesen Effekt mache ich mir in meinen Rezepten zunutze, um die Fermentation zu verlangsamen. Bei höheren Temperaturen arbeitet die Hefe schneller, aber wenn es zu warm wird, besteht die Gefahr, dass die Hefeorganismen abgetötet werden – ab 45 °C sterben die Hefepilze. Deshalb ist es wichtig, die Temperatur des Teigs sorgfältig zu überwachen und sicherzustellen, dass sie sich in einem optimalen Bereich befindet.

ARBEITSWEISE VON HEFE

Die Stärke im Getreide liefert für den Stoffwechselprozess den nötigen Zucker (einfache Kohlenhydrate), der allerdings ein Vielfachzucker ist und erst mal gespalten werden muss. Enzyme, die in der Hefe und vor allem im Mehl vorhanden sind, haben die Aufgabe, den Vielfachzucker in Doppelzucker und diesen dann in Einfachzucker (Glukose) umzuwandeln. Nun können die Hefezellen den Einfachzucker durch den Prozess der Glykolyse zu Pyruvaten abbauen, wodurch Kohlenstoffdioxid und Alkohol (<0,3 Prozent) als Gärungsprodukte freigesetzt werden. Die Energie und die Nährstoffe, die dadurch gewonnen werden, benötigt die Hefe zum weiteren Wachstum.

Kohlenstoffdioxid bildet als Gärgas kleine Bläschen, die dem Teig Volumen geben, und sorgt damit für die Poren im Brot. Der Alkohol wiederum ist für das Brotaroma und eine schöne Brotkruste verantwortlich. Bei einem optimal verlaufenden Fermentationsprozess wird das Ergebnis ein elastischer und dehnbarer Teig sein, der viel Volumen aufweist.

FRISCHE HEFE ODER TROCKENHEFE

Ich selbst greife fast immer zu frischer Hefe, die meistens in Würfelform verkauft wird. Aber keine Sorge, wenn du Trockenhefe (korrekter: Trockenbackhefe) bevorzugst, musst du auf den vollen Geschmack nicht verzichten. Für alle Rezepte in „Wake & Bake“ kannst du statt frischer Hefe auch Trockenhefe verwenden. Beide Hefesorten können einfach direkt zum Teig gegeben werden, sie benötigen keine Aktivierung. Allerdings musst du die Mengen umrechnen. Der Umrechnungsfaktor beträgt 3:1. Das bedeutet:

ⓘ 3 g frische Hefe entsprechen 1 g Trockenhefe.

KLEINE HEFE-MENGEN ABMESSEN

Für viele meiner Rezepte benötigst du nur kleine oder sehr kleine Hefemengen. Der einfachste Weg, um diese abzuwiegen, ist natürlich eine Feinwaage, aber nicht alle haben eine solche zu Hause oder möchten sie anschaffen. Deshalb hier ein paar Tipps, wie du die Hefe durch andere Methoden abmessen kannst.

SCHÄTZEN 1 g frische Hefe entspricht etwa der Größe einer Erbse. 0,1 g frische Hefe entspricht etwa der Größe eines Pfeffer- oder Reiskorns.

MIT MEHL STRECKEN Frische Hefe zerbröseln und mit der neunfachen Menge Mehl (Sorte und Type nach Wahl) vermengen (am besten im Standmixer oder mit dem Stabmixer). Nun kannst du statt 1 g Hefe einfach 10 g Hefe-Mehl-Mischung auf einer normalen Küchenwaage abwiegen.

Ein weiterer Vorteil der letztgenannten Methode: Das Mehl entzieht der Hefe Feuchtigkeit, wodurch sie im Kühlschrank über Monate haltbar wird. Auf die gleiche Weise kann übrigens auch Trockenhefe für eine einfachere Dosierung mit Mehl gestreckt werden: Trockenhefe mit der neunfachen Menge Mehl vermengen und später mit der normalen Küchenwaage abwiegen.

Achtung! Die enthaltene Menge Mehl muss dann natürlich von der im Rezept angegebenen Mehlmenge abgezogen werden.

HEFEWÜRFEL

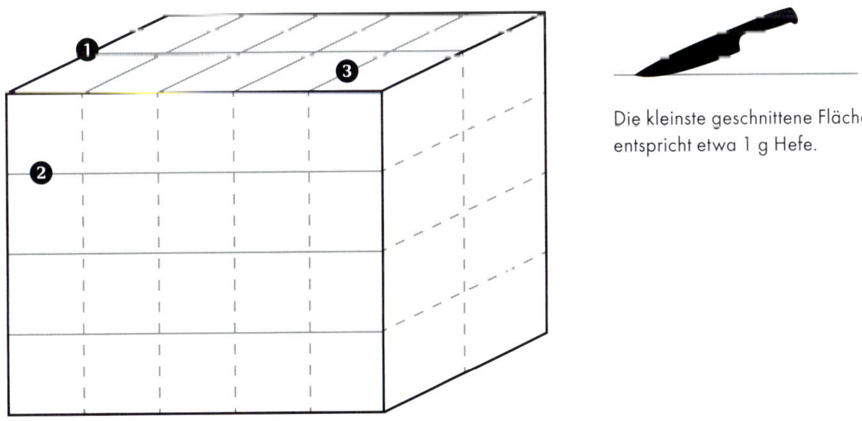

Die kleinste geschnittene Fläche entspricht etwa 1 g Hefe.

UND WAS IST SAUERTEIG?

Sauerteig basiert im Gegensatz zu Hefe auf einer Kombination von natürlich vorkommenden Hefepilzen (wilde Hefe) und nützlichen Laktobakterien (Milchsäurebakterien), die den Teig langsam fermentieren. Dabei werden komplexe Aromen und Säuren entwickelt, die dem Brot einen besonderen Geschmack und Charakter verleihen. Sauerteig benötigt Zeit und eine konstante Temperatur, um zu reifen und dem Teig Volumen zu geben.

Schon seit Jahrtausenden wird dieser natürliche Gärprozess zur Herstellung von Brot und anderen Backwaren verwendet. Die Basis ist eine Mischung aus Mehl und Wasser, die von Natur aus mit Hefen und Milchsäurebakterien durchsetzt ist. Diese Mikroorganismen ernähren sich von den im Mehl enthaltenen Zucker- und Stärkemolekülen (Kohlenhydraten) und produzieren Kohlenstoffdioxid und Milchsäure, die dazu beitragen, den Teig aufzulockern, und ihm den charakteristischen säuerlichen Geschmack verleihen.

Sauerteig besteht aus einer Vielzahl von Bakterien und Hefen, die in einer symbiotischen Beziehung zueinander stehen. In der Regel sind es wilde Hefen, die in der Umgebung vorkommen und auf den Mehlkörnern haften. Die von den

Milchsäurebakterien produzierte Milchsäure senkt den pH-Wert im Teig und macht ihn für unerwünschte Mikroorganismen wie Schimmel oder pathogene Bakterien unattraktiv.

Die Verwendung von Sauerteig anstelle von Backhefe hat viele Vorteile. Die wichtigsten sind:

- Sauerteig enthält natürliche Hefen und Bakterien, die für eine langsame und gleichmäßige Gärung sorgen und eine bessere Entwicklung der Aromen ermöglichen.
- Der niedrigere pH-Wert (Säurebereich) im Sauerteig hilft, das Wachstum von unerwünschten Bakterien und Schimmelpilzen zu verhindern und das Brot länger haltbar zu machen.
- Sauerteig verbessert die Bekömmlichkeit des Brotes, da die langsame Fermentation die im Mehl enthaltenen Antinährstoffe reduziert.
- Schließlich bietet Sauerteig eine breitere Palette an Geschmacksrichtungen und Texturen als Hefebrote, da der spezifische Mikroorganismusgehalt des Sauerteigs variieren kann und durch das Mehl und die Bedingungen beeinflusst wird, unter denen er gefüttert und aufbewahrt wird.

SAUERTEIG ANSETZEN

Um einen Sauerteig herzustellen, brauchst du nur zwei simple Zutaten: Mehl und Wasser. Welches Mehl du wählst, hängt davon ab, welches Brot du später backen möchtest. Für Roggenbrot eignet sich Roggenmehl, für Weizenbrot Weizenmehl und für Dinkelbrot Dinkelmehl. Easy, oder?

Natürlich kannst du auch verschiedene Mehlarten miteinander vermischen und sogar einen Weizensauerteig für ein Roggen- oder Dinkelbrot verwenden. Manche haben mehrere Starter parallel am Laufen – ich bevorzuge jedoch einen Weizensauerteig und nehme bei Dinkelbrot einen kleinen Weizenanteil in Kauf.

Wie immer ist es von Bedeutung, dass du ein hochwertiges Mehl verwendest. Am besten ein Biomehl, um eine spontane Gärung zu begünstigen, denn je mehr Milchsäurebakterien und Hefepilze sich im Mehl befinden, desto besser wird das Ergebnis. Achte deshalb darauf, dass das Getreide nicht mit Pestiziden behandelt wurde.

Über einen Zeitraum von 4 Tagen füllst du immer wieder die gleichen Mengen Mehl und Wasser in das gleiche hohe Gefäß (am besten ein Schraubglas), verrührst alles kräftig und stellst es an einen warmen Platz – abgedeckt, aber nicht luftdicht (zum Beispiel mit einem lose aufgelegten Deckel). Es ist ratsam, kleine Portionen zu mischen, da du vom fertigen Produkt später nur eine kleine Menge zum Brotbacken benötigst.

FORTSETZUNG SAUERTEIG ANSETZEN

Nun kann es durchaus vorkommen, dass dein Sauerteig während der 5 Tage Reifezeit einige seltsame Dinge vollführt. Vielleicht riecht er ungewöhnlich oder sogar etwas abschreckend, blubbert an einem Tag und am nächsten passiert überhaupt nichts oder Flüssigkeit setzt sich ab. Doch solange sich kein Schimmel bildet, brauchst du dir keine Sorgen machen. In diesen 5 Tagen muss der Sauerteig eine Balance zwischen den verschiedenen Mikroorganismen erreichen und dieser Prozess kann mal schneller, mal langsamer vonstattengehen.

SAUERTEIG ANSETZEN: ANSTELLGUT

TAG 1 20 g Mehl (Sorte und Type nach Wahl) mit 20 g kaltem Wasser in einem hohen Schraubglas verrühren, locker abdecken und an einem warmen Ort (optimal sind 26 bis 28 °C) stehen lassen.

TAGE 2–4 An jedem Tag jeweils weitere 20 g Mehl und 20 g Wasser in die Mischung rühren, locker abdecken und wieder an den warmen Ort stellen.

TAG 5 Nun sollte der Teig angenehm säuerlich riechen und etwas blubbern. In dem Fall hast du jetzt 160 g Sauerteig beziehungsweise Anstellgut, das du nun verbacken oder füttern (siehe unten) kannst.

TIPP Wenn das Resultat am fünften Tag noch nicht deinen Erwartungen entspricht, kannst du noch mal 20 g Mehl und 20 g Wasser beimischen und die Mischung einen weiteren Tag abgedeckt am warmen Ort ruhen lassen. Am nächsten Tag hast du erneut die Chance, den Sauerteig zu testen und zu verbessern.

SAUERTEIG, GRUNDSAUER, SAUERTEIG-STARTER ODER ANSTELLGUT?

Welcher Begriff ist richtig? Hergestellt wird ein Sauerteig, den man deshalb gern Grundsauer nennt, weil er später die Grundlage für einen Hauptsauerteig wird, aus dem man das Brot backt. Die Begriffe „Sauerteigstarter" und „Anstellgut" verwendet man gern dann, wenn ein Teil des frisch hergestellten Sauerteigs entnommen wird, um ihn weiter zu füttern und aufzufrischen und auf diese Weise immer griffbereit zu haben, wenn man ein Sauerteigbrot backen möchte. Da man meistens auf aufgefrischten Sauerteig zurückgreift, wenn man viel backt, verwende ich in meinen Rezepten den Begriff „Anstellgut". Aber lass dich nicht verwirren: Anstellgut, Sauerteigstarter und Grundsauer sind (aufgefrischter) Sauerteig.

SAUERTEIG FÜTTERN

Am fünften Tag ist der Sauerteig fertig und eine kleine Menge davon kann gleich zum Brotbacken verwendet werden. Vom restlichen Sauerteig wird eine kleine Menge entnommen, die gefüttert oder aufgefrischt werden muss, um sie später wieder einsetzen zu können. Der Sauerteig muss also am fünften Tag das erste Mal aufgefrischt werden, das bedeutet, er wird verdünnt, denn sonst nehmen die Essigsäuren überhand. Ich stelle dir hier eine einfache Methode vor, wie du deinen Sauerteig beziehungsweise dein Anstellgut immer aktiv halten kannst. Dabei verwende ich gern ein Verhältnis von 1:4:4 (ein Teil Anstellgut, vier Teile Mehl und vier Teile Wasser), um das Sauerteigbaby ausreichend zu füttern:

ERSTAUFFRISCHUNG Am fünften Tag vom neu hergestellten Sauerteig (siehe Seite 17) einen Teil als Anstellgut entnehmen, in ein hohes Schraubglas geben, vier Teile Mehl und vier Teile Wasser zugeben (zum Beispiel 10 g Anstellgut, 40 g Mehl, 40 g Wasser oder kleinere Mengen im gleichen Verhältnis), gut verrühren und locker abgedeckt bei einer idealen Temperatur von etwa 28 °C (alternativ bei Raumtemperatur) 4–6 Stunden reifen lassen, bis er sein höchstes Wachstum (Vollreife) erreicht hat und dann wieder in sich zusammenfällt. Das nennt man Peak – ab diesem Zeitpunkt sollte dein Sauerteig spätestens verwendet oder in den Kühlschrank gestellt werden, um ihn aufzubewahren.

Um eine Umgebungstemperatur von etwa 28 °C zu erreichen, kannst du zum Beispiel das Licht deines Backofens einschalten und die Tür ein wenig geöffnet lassen. Die Backofenlampe sorgt für eine leichte Erwärmung des Ofens und der Spalt verhindert, dass die Temperatur für die Organismen zu hoch und damit schädlich wird. Das Auffrischen des Sauerteigs funktioniert jedoch auch bei Raumtemperatur. Der Reifeprozess ist dann etwas langsamer und der Sauerteig wird nicht ganz so mild.

FORTSETZUNG SAUERTEIG FÜTTERN

Nachdem der Sauerteig gefüttert wurde, geht es in einem Rhythmus von 2 bis 3 Tagen weiter:

WEITERE AUFFRISCHUNGEN Alle 2 bis 3 Tage vom „alten" Sauerteig einen Teil wieder als Anstellgut entnehmen, in ein hohes Schraubglas geben, erneut vier Teile Mehl und vier Teile Wasser zugeben (zum Beispiel 10 g Anstellgut, 40 g Mehl, 40 g Wasser oder kleinere Mengen im gleichen Verhältnis), gut verrühren und wie bei der Erstauffrischung locker abgedeckt 4 bis 6 Stunden reifen lassen und dann verwenden oder im Kühlschrank aufbewahren.

So hast du immer einen lebendigen oder aktiven Sauerteig zur Hand und musst dich nicht ständig darum kümmern.

SAUERTEIGRESTE

Doch was mit all den Sauerteigresten tun, die bei jeder Auffrischung anfallen? Entsorgen? So ist es, aber du kannst die restliche Menge „alten", also nicht aufgefrischten, nicht aktivierten Sauerteig auch anderweitig verwenden, indem du ihn als Aromazutat unter jeden beliebigen Teig mischst, auch in Hefeteig. Er verleiht den Backwaren ein leicht joghurtartiges Aroma und gibt einem Hefezopf oder Süßgebäcken einen besonderen, leicht säuerlichen Kick. Ich mische davon gern etwas in Pfannkuchenteig und auch mein Hausbrot (siehe Seite 63) beinhaltet „altes" Anstellgut. Wenn du mehr als 20 g davon in einen Teig gibst, solltest du die Mengen ausgleichen, also entsprechend weniger Mehl und Wasser verwenden, beispielsweise bei 100 g hinzugefügtem „altem" Anstellgut 50 g Mehl und 50 g Wasser weniger verwenden.

Mit Kraft und Feingefühl: Teig kneten

Bei der Teigverarbeitung wird zwischen dem Kneten von Hand und dem Kneten mit einer Küchenmaschine oder Teigknetmaschine unterschieden.

KNETEN VON HAND

Bei dieser traditionellen Methode wird der Teig auf der bemehlten Arbeitsfläche mit den Händen bearbeitet. Dabei werden die Zutaten gut miteinander vermengt, der Teig wird gedehnt und geknetet, um eine elastische Struktur zu erreichen.

Ich empfehle dir, wenigstens ein paar Mal einen Teig von Hand zu kneten. Zum einen ist es supermeditativ, aber vor allem bekommst du dabei ein ganz anderes Verständnis für den Teig und dessen verschiedene Entwicklungsstufen während des Knetprozesses. Je nachdem, wie weich oder fest dein Teig ist, haben sich folgende zwei Techniken am besten bewährt:

Bei **weichem Teig** empfiehlt sich die „Slap and fold"-Methode: den Teig auf eine Arbeitsfläche legen, mit beiden Händen am von dir abgewandten Ende fassen und in einer zügigen Bewegung komplett vom Tisch abheben. Dabei zieht sich der Teig schon etwas in die Länge. Nun das untere Ende von deinem Körper nach vorn wegschwingen und auf die Arbeitsfläche aufklatschen lassen. Dann das Ende, das du in den Händen hältst, einmal komplett über den Teig falten, sodass er eine rechteckige Form erhält, mit einer langen Seite vor dir. Dann eines der kurzen Enden greifen und den Vorgang wiederholen. Beim Aufnehmen dreht sich der Teig also jedes Mal um 45 Grad. Wiederholen, bis der Teig ausgeknetet ist.

Festere Teige lassen sich dagegen besser mit dem Handballen kneten: Wenn der Teig als Kugel vor dir liegt, mit dem Handballen deiner knetenden Hand ein Teilstück am Rand von außen zur Mitte hin falten und mittig in den Teig drücken. Dann den Teig mit deiner anderen Hand um ein paar Grad drehen und den Vorgang wiederholen. Bei richtigem Einsatz dieser Technik sieht der Teigballen während des Knetens ein bisschen aus wie eine Blüte.

KNETEN MIT DER MASCHINE

Da das Kneten von Hand recht anstrengend sein kann, empfiehlt es sich vor allem bei größeren Teigmengen, eine Küchenmaschine oder eine Teigknetmaschine zu verwenden, die speziell für das Kneten von Teig entwickelt wurde. Es gibt verschiedene Arten, Teig maschinell zu kneten:

PLANETENRÜHRWERK Der Knethaken dreht sich in einer kreisförmigen Bewegung um die eigene Achse und gleichzeitig um die Schüssel herum. Dadurch wird der Teig optimal durchgeknetet. Planetenrührgeräte sind die gängigsten Küchenmaschinen für den Hausgebrauch, haben aber den Nachteil, dass sie die Teige relativ schnell erwärmen und eine größere Teigmenge durch die Unwucht in der Schüssel wandern kann.

WALZENKNETER Eine rotierend und zur Schüsselmitte hin federnd aufgehängte Walze befindet sich an der Innenseite der Rührschüssel, während ausschließlich die Schüssel selbst angetrieben wird. Dadurch wird der Teig entlang der Schüsselwand unter der Walze hindurchgedrückt und damit besonders schonend geknetet. Dieses System knetet den Teig deutlich langsamer. Es entsteht aber auch nur sehr wenig Reibung, wodurch sich der Teig nur minimal erwärmt und deshalb besonders lange Knetzeiten möglich sind.

SPIRALKNETER Eine spiralförmige Rührstange dreht sich im Inneren des Behälters und zusätzlich dreht sich der Behälter selbst. Der Teig wird dabei intensiv geknetet und es entsteht eine besonders homogene Masse. Durch die Rotation sowohl der Schüssel als auch der Spirale entsteht weniger Reibung, sodass der Teig nicht so schnell erwärmt. Spiralkneter sind reine Teigkneter ohne Zusatzfunktionen und deshalb im normalen Haushalt eher selten anzutreffen, zumal sie meist teurer sind.

GABELKNETER Ähnelt vom Aufbau her einem Handrührgerät mit zwei Quirlen. Die Gabeln drehen sich um die eigene Achse und kneten den Teig dadurch gründlich durch. Auch diese sind selten im normalen Hausgebrauch zu finden.

Fertig gekneteten Teig bearbeiten

DEHNEN UND FALTEN

Das Dehnen und Falten ist eine wichtige Technik bei der Herstellung von weizen- und dinkellastigen Teigen. Es unterstützt die Entwicklung des Klebergerüsts und verleiht dem Teig dadurch die notwendige Struktur, Elastizität und Dehnbarkeit, um ein gutes Volumen beim Backen zu erzielen. Darüber hinaus sorgt dieser Vorgang für eine gleichmäßigere Sauerstoff- und Temperaturverteilung im Teig. Mit dem Dehnen und Falten lässt sich also die Qualität des Brotes verbessern. Insbesondere bei Teigen, die einen höheren Wassergehalt aufweisen, ist das Dehnen und Falten unerlässlich. Und so geht's:

ⓘ Den Teig aus der Schüssel nehmen und auf einer leicht bemehlten Arbeitsfläche zu einem Quadrat, Rechteck oder auch Kreis ausziehen (dehnen). Dann von allen Seiten zur Mitte hin überlappend einschlagen und übereinanderfalten

FORTSETZUNG DEHNEN UND FALTEN

(wie bei einem Handtuch). Den Teig erneut rund formen und zum Entspannen abgedeckt beiseitestellen. Dieser Vorgang wird in Abständen mehrfach wiederholt (siehe Zeitangaben im Rezept), bis der Teig eine glatte und elastische Konsistenz erreicht hat.

FORMEN: RUNDWIRKEN, LANGWIRKEN, RUNDSCHLEIFEN

Die Form eines Brotes ist nicht nur entscheidend für dessen Optik, sondern auch für die Kruste und Struktur. Je nach Teigart und Geschmack kann man wählen, ob man einen runden oder länglichen Brotlaib backen möchte, sich also für rundwirken oder langwirken entscheiden. Wichtig ist, dass der Teig straff geformt wird. Dadurch hält er seine Form besser und läuft später beim Backen nicht in die Breite.

LANGWIRKEN Für längliche Brote den Teig erst in eine rechteckige oder auch ovale Form ziehen und dann die kurzen Seiten jeweils zur Mitte hin überlappend einschlagen, sodass zum Schluss drei Lagen Teig übereinanderliegen. Dann den Teig von einer der langen Seiten her straff aufrollen und schonend länglich formen.

RUNDWIRKEN Runde Teiglaibe können auf verschiedene Arten geformt werden:
1. Methode: Den Teig auf einer leicht bemehlten Arbeitsfläche zu einer Kugel formen, leicht flach drücken. Dann von allen Seiten zur Mitte hin überlappend einschlagen und gleichzeitig den Teig in einer rotierenden Bewegung zum Körper ziehen, um Spannung aufzubauen und zu einem runden Laib zu formen.
2. Methode: Den Teig zu einer Kugel formen, diese auf der leicht bemehlten Arbeitsfläche unter den Händen drehend bewegen, um eine runde Struktur zu erreichen, dabei sollte darauf geachtet werden, dass der Teig straff gerollt und geformt wird, damit das Brot beim Backen eine schöne Kruste und eine gleichmäßige Struktur erhält.

RUNDSCHLEIFEN Diese Methode wird meist für kleine Teigportionen verwendet: die kleinen Teiglinge abstechen und unter der hohlen Handfläche mit kreisender Bewegung und leichtem Druck zu glatten Kugeln formen.

Nach der Arbeit die Teigruhe

TEIG ABDECKEN

Bei der Reifephase solltest du darauf achten, dass der Teig nicht austrocknet. Spezielle Gärboxen oder Teigwannen, die einen Deckel haben, eignen sich sehr gut als Behälter. Aber auch die Rührschüssel deiner Küchenmaschine oder jede

andere Schüssel erfüllt ihren Zweck, solange du sie mit einem Deckel oder Frischhaltefolie oder einem feuchten Küchentuch abdeckst. Ein trockenes Tuch dagegen lässt zu viel Luftaustausch zu, sodass die Teigoberfläche antrocknet (verhautet).

GÄRKÖRBCHEN

In meinen Rezepten wird der Teig häufig in einem Gärkörbchen oder Küchentuch im Kühlschrank gelagert, um über Nacht zu reifen. Um zu vermeiden, dass er dabei festklebt, solltest du Folgendes beachten:

ⓘ Gärkörbchen und Küchentücher, in denen der Teig reift, am besten mit Semola rimacinata, Roggenmehl oder Reismehl bestreuen. Während Weizen- und Dinkelmehl in Verbindung mit Feuchtigkeit wortwörtlich zu Kleister werden, passiert das bei Semola, Roggen- und Reismehl nicht.

Übrigens: Ein gut ausgekneteter Teig klebt weniger an den Händen, Schüsseln und Arbeitsflächen.

Wenn du den Teigling direkt aus dem Gärkorb auf ein Backblech oder in einen Topf stürzt, solltest du vorsichtig vorgehen. Am schonendsten ist es, Backpapier auf den Teigling zu legen, dann eine Hand daraufzulegen und den Gärkorb mit der anderen Hand langsam zu wenden. Nun kann der Teigling mit dem Backpapier vorsichtig auf das Blech gelegt oder in den Topf gehoben werden.

RAUMTEMPERATUR

Die Raumtemperatur hat einen erheblichen Einfluss auf die Reifezeit von Teigen. Wenn die Temperatur zu niedrig ist, kann es länger dauern, bis der Teig aufgeht und sich vollständig entwickelt. Wenn die Temperatur zu hoch ist, kann es passieren, dass der Teig zu schnell aufgeht und seine Struktur verliert. Idealerweise sollte die Raumtemperatur zwischen 20 °C und 24 °C liegen, um eine optimale Reifezeit zu gewährleisten. In meinen Rezepten gehe ich von einer durchschnittlichen Raumtemperatur von 21 °C bis 22 °C aus.

ⓘ Ein Temperaturunterschied von 5 °C führt schon zu einer Verdoppelung oder Halbierung der Reifezeit. Deshalb ist es wichtig, bei der Zubereitung von Teigen auf die Raumtemperatur zu achten und gegebenenfalls Maßnahmen zu ergreifen, um sie anzupassen.

Ist die Temperatur in der Küche beispielsweise zu niedrig, kann man den Teig an einem warmen Ort oder im Backofen mit eingeschalteter Ofenlampe gären lassen (siehe Seite 19). Ist es hingegen zu warm, sollte man den Teig abdecken und eventuell sogar kühlen.

ⓘ Soll der Teig beispielsweise laut Rezept 4 Stunden bei Raumtemperatur reifen und anschließend über Nacht in den Kühlschrank, müsstest du ihn im Hochsommer bei 28 °C schon nach 2 Stunden in den Kühlschrank stellen.

Eine optimale Reifezeit sorgt nicht nur für ein besseres Geschmackserlebnis, sondern auch für eine schönere Optik und Textur. Ein gut gereifter Hefeteig wird luftiger und lockerer als einer, der nicht genügend Zeit hatte, sich vollständig auszubilden.

REIFE-TEMPERATUREN: WARME UND KALTE TEIGFÜHRUNG

Für die **warme Teigführung** wird oft eine Temperatur von 24 °C bis 26 °C empfohlen, die Hefetätigkeit nimmt dann zu und der Teig geht schneller auf. Er kann aber auch überfermentieren und dadurch an Geschmack verlieren und da diese warmen Temperaturen bei uns im Land die meiste Zeit des Jahres nicht zur Verfügung stehen, gehe ich in meinen Rezepten von einer durchschnittlichen Raumtemperatur von 21 °C bis 22 °C aus.

Für die **kalte Teigführung** empfiehlt es sich, den Teig bei Temperaturen von 4 °C bis 12 °C zu lagern. In meinem Buch gehe ich jedoch von einer durchschnittlichen Kühlschranktemperatur von 5 °C bis 6 °C aus. Durch die kühlen Temperaturen wird die Hefetätigkeit verlangsamt und der Teig kann langsam fermentieren. Bei niedrigeren Temperaturen würde die Hefeaktivität und damit die Fermentation zum Erliegen kommen. Höhere Temperaturen bergen die Gefahr, dass der Teig über Nacht zu schnell reift.

REIFEZEITEN ALLGEMEIN

Die Reifezeit eines Teigs hängt nicht allein von der Umgebungstemperatur ab, sondern auch von einer Vielzahl anderer Faktoren wie Luftdruck, Enzymaktivität des Mehls sowie Ausgangstemperatur der Zutaten. Deshalb solltest du Zeitangaben in Rezepten eher als grobe Orientierung betrachten.

Ein guter Teig braucht Zeit, um sein volles Aroma und seine optimale Konsistenz zu entwickeln. Wenn du den Teig zu lange reifen lässt, kann er jedoch überfermentieren und in sich zusammenfallen. Deshalb ist es wichtig, dass du regelmäßig kontrollierst, wie weit der Teig fortgeschritten ist. Sagt dein Instinkt dir, dass der Teig noch nicht fertig gereift ist, oder bist du unsicher, solltest du ihn einfach länger ruhen lassen.

FLEXIBLE REIFEZEITEN ÜBER NACHT

In meinen Rezepten gehe ich davon aus, dass die Teige nur eine Nacht, also 8 bis 12 Stunden, im Kühlschrank ruhen. Solltest du aber am Morgen mal spontan keine Zeit zum Backen haben, ist es in der Regel kein Problem, den Teig bis zu 24 oder sogar 36 Stunden im Kühlschrank zu lagern und erst dann zu backen. Solltest du aber eine doppelte oder dreifache kalte Teigführungszeit planen, empfehle ich dir:

ⓘ Für 24 Stunden längere Reifezeit die Hefe- oder Sauerteigmenge um 10 Prozent und für 36 Stunden längere Reifezeit um 20 Prozent reduzieren, um eine Übergare zu vermeiden.

Was ist Übernachtgare und wie funktioniert sie?

Die Übernachtgare, die auch kalte Teigführung genannt wird, ist eine Methode, bei der der Teig nach der Zugabe von Hefe oder Sauerteig und einer kurzen Reifezeit bei Raumtemperatur mehrere Stunden oder eben wie bei allen Rezepten in diesem Buch über Nacht ruhen darf. Dadurch verlangsamt sich der Gärprozess, aber die Enzymaktivität und Fermentation im Teig gehen trotzdem weiter. Während dieser Zeit entwickelt der Teig einen intensiven Geschmack und ein feines Aroma. Die Vorteile der Übernachtgare sind zahlreich:

- Während der Teig über Nacht ruht, bilden sich vermehrt Milchsäurebakterien und Hefen, die den Teig weiter fermentieren. Dabei werden Kohlenhydrate durch Hefepilze oder Milchsäurebakterien in Kohlenstoffdioxid, Alkohol und Säuren umgewandelt, was zu einer Lockerung des Teiges und zur Ausbildung eines feinen Aromas führt.
- Die Übernachtgare sorgt für eine bessere Ausbildung des Klebergerüsts im Teig, was wiederum später für eine bessere Textur des Brotes sorgt – es wird saftiger und luftiger.
- Dadurch, dass bei der langen Fermentationszeit mehr Kohlenhydrate in kleinere Moleküle umgewandelt werden, wird das Brot später leichter verdaulich und bekömmlich.
- Durch die lange Fermentationszeit werden auch mehr Enzyme aktiviert, die den Abbau von Proteinen und Kohlenhydraten unterstützen und somit ebenfalls für eine bessere Textur und einen besseren Geschmack des Brotes sorgen.
- Die kalte Teigführung führt zu einer intensiveren Aromaentwicklung im Brot, da sich während der langen Fermentationszeit mehr Aromen und Geschmacksstoffe bilden können.
- Des Weiteren sorgt die Übernachtgare dafür, dass das Brot später länger haltbar wird.
- Nicht zuletzt hat die kalte Teigführung den Vorteil, dass sie mehr zeitliche Flexibilität gibt. Der Teig kann bereits am Vorabend oder gar am Vormittag des vorigen Tages vorbereitet und am nächsten Morgen direkt gebacken werden. So kannst du dein Brot selbst dann frisch backen, wenn du tagsüber keine Zeit hast und beschäftigt bist.

Jetzt geht's los: Brot backen

DEIN INDIVIDUELLER BACKOFEN

Der Backofen ist mit Abstand dein wichtigster Freund beim Backen, deshalb solltest du ihn gut kennen. Alle Backöfen sind ein bisschen verschieden und arbeiten unterschiedlich: Der eine heizt schneller auf, der andere hat eine stärkere Oberhitze, der nächste verfügt über keine Umluft- oder Dampfbackfunktion oder hat eine geringere Höchsttemperatur. Grundsätzlich kann aber in jedem Ofen gebacken werden, sofern du dir über die individuellen Eigenschaften im Klaren bist.

OFEN-PROGRAMM

Oft funktioniert die einfachste Technik am besten. So auch beim Backen: In den meisten Fällen ist die einfache Ober-/Unterhitze die beste Wahl, denn diese Einstellung sorgt in den meisten Öfen für die gleichmäßigste Hitzeverteilung.

ⓘ Bei Ober-/Unterhitze sollte auf der untersten Schiene im Ofen gebacken werden. Das bringt dem Brot maximale Unterhitze, die den Ofentrieb (das Aufgehen im Backofen) begünstigt.

Das Backen auf der untersten Schiene sorgt für einen größtmöglichen Abstand zu den oberen Heizstäben. Das ist wichtig, denn wenn die Oberseite des Brotes zu schnell verkrustet und ihre Dehnbarkeit verliert, benötigt der Teig viel mehr Kraft, um diese beim Aufgehen aufzubrechen, und schafft es im schlimmsten Fall gar nicht. Aus demselben Grund wird beim Backen übrigens auch Dampf eingesetzt, der dafür sorgt, dass die Teigoberfläche länger feucht und dehnbar bleibt.

OFEN VORHEIZEN

Um optimale Ergebnisse zu erzielen, solltest du den Backofen immer ausreichend vorheizen. Ich empfehle mindestens 30 Minuten, auch wenn dein Ofen schon früher anzeigt, dass er vollständig aufgeheizt hat. Denn das Brot soll im Ofen so schnell wie möglich den maximalen Ofentrieb erreichen, also schnell aufgehen, bevor es anfängt zu verkrusten. Außerdem brauchen gusseiserne Töpfe sowie Backsteine und Backstahl, die du bei Verwendung immer mit aufheizen solltest, meistens länger, um die volle Hitze aufzunehmen.

BACKEN IM TOPF, IN EINER FORM ODER FREIGESCHOBEN

Um Brot oder Brötchen zu backen, gibt es drei grundlegende Möglichkeiten: das Backen im Topf, in einer Form oder freigeschoben (also ohne Topf oder Form).

IM TOPF BACKEN Eine der einfachsten Methoden, um viele potenzielle Fehlerquellen auszuschließen, ist das Backen im Topf. Am besten eignet sich hierfür ein gusseiserner Topf mit Deckel, da dieser ein besonders guter Hitzespeicher ist, du kannst jedoch jeden ofenfesten Topf mit ofenfestem Deckel verwenden. Dieser sorgt für eine einheitliche Hitzeverteilung und fungiert quasi als Miniofen im Ofen. Durch den Deckel wird aus dem Teig austretende Feuchtigkeit eingefangen, sodass ein Bedampfen des Ofens überflüssig ist.

IN EINER FORM BACKEN In Backformen zu backen, bringt einige Vorteile mit sich: So ist zum Beispiel die Spannung im Teig weniger wichtig, da der Teig durch die Form gehalten wird. Außerdem kann er nur in eine Richtung aufgehen, und zwar nach oben. Für einige Brotsorten, zum Beispiel Toastbrot, ist die Kastenform auch charakteristisch. Beim Backen in einer Form muss der Ofen normalerweise trotzdem bedampft werden. Einige Formen haben jedoch auch ofenfeste Deckel, wodurch sich ein Bedampfen des Ofens erübrigt.

FREIGESCHOBEN BACKEN Freigeschobene Brote sind Brote, die ohne Unterstützung einer Backform oder eines Topfes gebacken werden. Kleingebäck ist deshalb fast immer freigeschoben. Hierbei ist es sehr wichtig, den Ofen ausreichend zu bedampfen. Außerdem ist ein Backstein oder -stahl empfehlenswert, denn diese sorgen für maximale und gleichbleibende Unterhitze, was den Ofentrieb (Aufgehen des Teigs) deutlich verbessert. Es geht aber selbstverständlich auch ohne.

ANBACK-TEMPERATUR

Bei nahezu allen Rezepten sollte, sofern nicht anders angegeben, die Vorheiz- und damit die Anbacktemperatur 20 °C bis 30 °C über der eigentlichen Backtemperatur liegen. Das erreichst du, indem du den Ofen entsprechend stärker vorheizt und nach dem Einschieben des Teiglings (Einschießen) in den Ofen die Temperatur direkt reduzierst. So wird gewährleistet, dass der Ofen während der ersten Minuten nicht nachheizen muss, weil die Ofentür geöffnet wurde, die Heizelemente im Ofen also ausgeschaltet sind, sodass keine direkte Hitze an den Teig gelangt, was zu einer zu frühen Krustenbildung führen würde. Man spricht bei diesem Vorgehen auch von „fallender Temperatur".

MIT DAMPF BACKEN

In den meisten meiner Rezepte wird Brot oder Gebäck mit Dampf gebacken. Das bedeutet, dass im Backraum ein möglichst feuchtes Backklima erzeugt wird. Moderne Öfen haben oft eine Dampfgarfunktion, das ist jedoch nicht zwingend nötig. Im Gegenteil: Oftmals funktioniert es auf traditionelle Weise sogar besser.

Das Backen mit Dampf, auch Schwaden genannt, verbessert deutlich das Backergebnis, denn durch das feuchte Backklima kondensiert Wasser aus der Luft auf der Oberfläche des Teigs, während dieser aufgeht, und das hat drei wichtige Effekte:

- Die Teighaut wird durch das Kondensieren des Dampfes weich und elastisch gehalten. Das begünstigt das Aufgehen des Teiglings, da die Ausdehnung weniger Widerstand erfährt.
- Der Dampf lässt Proteine in der Teighaut gerinnen und verkleistert die enthaltene Stärke. Das ist eine wichtige Voraussetzung für eine rösche und knusprige Kruste.
- Zu guter Letzt löst das Kondenswasser Dextrine (Stärkeabbauprodukte), die aus der Mehlstärke entstanden sind, was der Kruste einen wunderschönen Glanz verleiht.

FORTSETZUNG MIT DAMPF BACKEN

ⓘ Für das Bedampfen des Backofens die Dampfgarfunktion hinzuschalten oder eine Metallschale mit in den Backofen stellen, die zusammen mit dem Ofen vorgeheizt wird. Sobald der Teigling dann im Ofen ist, eine Tasse Wasser in die heiße Schale schütten. Das Wasser verdampft schlagartig und erzeugt die nötige Feuchtigkeit im Backraum.

DAMPF ABLASSEN

Um die perfekte rösche Kruste zu erhalten, sollte das Backklima in den ersten Minuten möglichst feucht sein. Nachdem der Teigling jedoch aufgegangen ist, muss der Dampf abgelassen werden und das Klima sollte möglichst trocken sein. So kann die Kruste austrocknen und knusprig werden.

ⓘ Der Dampf wird ganz einfach abgelassen, indem man die Ofentür einmal vollständig öffnet und sicherstellt, dass sich in der Dampfschale keine Wasserreste mehr befinden. Diese im Zweifelsfall einfach aus dem Ofen nehmen.

ZU ENDE BACKEN

Der letzte Schritt im Backprozess ist die Bräunung, die du an deine persönlichen Vorlieben anpassen kannst, weshalb die Backzeit auch immer als Richtwert zu verstehen ist. Natürlich sollte das Brot vollständig durchgebacken sein, es darf jedoch so hell oder dunkel sein, wie es dir am besten schmeckt. Dunklere Brote bringen mehr Röstaromen mit und eine längere Backzeit führt auch zu einer dickeren Kruste, die wiederum für längere Frischhaltung sorgt. Die Dicke der Kruste kann deshalb über die Backdauer und -temperatur gesteuert werden.

ⓘ Für eine dickere Kruste bei etwas niedrigerer Temperatur backen, dafür aber länger. Falls die Kruste dünner bleiben soll, bei etwas höherer Temperatur ein wenig kürzer backen.

WANN IST DAS BROT DURCHGEBACKEN?

Wie stark ein Brot ausgebacken wird, hängt von der Sorte und deinen persönlichen Vorlieben ab. Du solltest jedoch in jedem Fall sichergehen, dass das Brot auch durchgebacken ist.

ⓘ Am präzisesten lässt sich der Backgrad über eine Messung der Kerntemperatur erkennen. Hierfür ein Fleischthermometer so in das Brot stechen, dass sich die Messspitze in der Mitte befindet. Die optimale Kerntemperatur beträgt 95 °C bis 99 °C.

Einfacher geht es aber mit dem Klopftest: mit den Fingerknöcheln oder einem Holzlöffel auf die Unterseite des Brotes klopfen. Klingt es hohl, ist es fertig.

Laugengebäck – die richtige Lauge

Wir alle lieben Laugengebäck. Seinen intensiven und einzigartigen Geschmack kann es aber nur beim richtigen Einsatz der Lauge entwickeln. Wichtig ist deshalb, zwischen echter Natronlauge, Soda und Haushaltsnatron zu unterscheiden. Diese Begriffe werden oft synonym verwendet, beschreiben aber unterschiedliche chemische Verbindungen. Hier die korrekte Zuordnung:

SODA ist Natriumcarbonat (Na_2CO_3). Es wird meist als Zusatzstoff zur Säureregulation in Lebensmitteln eingesetzt.

NATRON ist Natriumhydrogencarbonat ($NaHCO_3$). Das ist das Natron, das viele im Schrank haben und das als Backpulver oder zu anderen Zwecken im Haushalt eingesetzt werden kann. Auch bekannt als doppeltkohlensaures Natron, Backsoda, Speisesoda, Speisenatron.

ÄTZNATRON ist Natriumhydroxid (NaOH), auch als Ätzsoda oder kaustisches Soda bekannt. Ätznatron ist stark alkalisch und wird zum Beispiel zur Reinigung, zur Herstellung von Seifen oder eben zur Herstellung von Laugengebäck eingesetzt. Insbesondere in hochdosierter Form ist diese Lauge sehr gefährlich und sollte deshalb immer mit größter Vorsicht verwendet werden. Die optimale Konzentration zum Backen ist eine 4-prozentige Lösung.

Beim Kauf von Ätznatron ist es wichtig, darauf zu achten, dass es Lebensmittelqualität hat. Oft wird es auch unter der Bezeichnung „Brezellauge" verkauft, vor allem online, manchmal auch in Apotheken. Es wird in verschiedenen Formen angeboten, die gängigsten sind: Perlenform zum Auflösen, flüssig und hochkonzentriert sowie flüssig und schon in einsatzbereiter Konzentration.

VORSICHTSMASSNAHMEN BEI ÄTZNATRON

Ätznatron sollte nicht mit der Haut in Berührung kommen. Falls doch, sofort unter fließendem Wasser abwaschen. Kontakt mit den Augen unbedingt vermeiden! Als Schutzmaßnahme am besten Handschuhe und Schutzbrille tragen. Ätznatron kann man mindestens dreimal wiederverwenden. Zum Entsorgen stark mit Wasser verdünnt in den Abfluss geben. Vor Kindern sicher aufbewahren!

VERWENDUNG VON HAUSHALTS-NATRON

Statt Ätznatron das gängige Haushaltsnatron verwenden? Ja, das geht – aber es ist nicht das Gleiche. Du wirst auch mit Haushaltsnatron eine schöne dunkelbraune Färbung bekommen, das Ergebnis unterscheidet sich jedoch geschmacklich recht stark.

Während die Teiglinge im Ätznatron nur 2 bis 3 Sekunden baden müssen, ist Haushaltsnatron wie folgt anzuwenden: 25 g Natron mit 15 g Speisestärke in 1 Liter Wasser auflösen und aufkochen. Wenn die Flüssigkeit beginnt überzuschäumen, die Temperatur auf niedrige Stufe stellen und die Lauge nur noch simmern lassen. Die Teiglinge, die gut angehautet sind, also eine leicht angetrocknete Oberfläche haben sollten, nun 30 bis 45 Sekunden pro Seite darin baden. Durch die Speisestärke ist die Lauge ganz leicht angedickt und kann deshalb gut am Teigling haften.

Brot aufbewahren und einfrieren

Die richtige Lagerung von Brot ist wichtig, um eine lange Haltbarkeit zu gewährleisten und das Aroma zu erhalten. Ich persönlich esse einen Laib Brot in der Regel innerhalb von maximal 3 Tagen auf und lege dabei Wert darauf, dass die Kruste knusprig bleibt. Deshalb lagere ich mein Brot mit der Schnittfläche nach unten einfach auf dem Schneidebrett. Bei besonders niedriger Luftfeuchtigkeit lege ich zusätzlich ein Küchentuch über das Brot, um es vor zu schneller Austrocknung zu schützen. Dasselbe mache ich übrigens auch mit Brötchen und anderem Kleingebäck.

Wenn das Brot aber bis zu 5 Tage haltbar bleiben soll, empfiehlt es sich, den Laib in einem Brotkasten zu lagern. Dabei wird dann leider die Kruste weich, der Rest des Brotes bleibt jedoch auch länger frisch. Eine Lagerung im Kühlschrank sollte vermieden werden, da das zu einer schnelleren Austrocknung des Brotes führen kann.

Falls du das Brot für längere Zeit aufbewahren möchtest, ist das Einfrieren in einem luftdichten Behälter oder in einer verschließbaren Tüte eine gute Option. Durch die Eisbildung kann das eingefrorene Brot allerdings etwas an Qualität verlieren. Das Brot später langsam und schonend im Kühlschrank oder bei Raumtemperatur auftauen lassen.

Schnellstart-Guide

Zur schnellen Orientierung habe ich hier in Kurzform einige wichtige Punkte zusammengestellt, damit du direkt starten kannst, ohne viel lesen zu müssen.

MENGENANGABEN Achte darauf, dass du dich an die Mengenangaben hältst. Vor allem besser keine Experimente bei der Mehlmenge machen, da sich alle anderen Mengen darauf beziehen. Es kann vorkommen, dass Mehle je nach verwendeter Marke unterschiedlich viel Wasser aufnehmen. In diesem Fall kann man die Flüssigkeitsmenge vorsichtig ein wenig anpassen.

AUF VOLLKORN UMSTELLEN Bei einem Vollkornanteil von 50 Prozent gibt man normalerweise 10 Prozent mehr Flüssigkeit hinzu, als man für einen Teig mit Auszugsmehl nehmen würde. Bei 100 Prozent Vollkorn sind es 15 bis 20 Prozent mehr Flüssigkeit (siehe Seite 10).

KLEBENDEN TEIG VERMEIDEN Gut ausgekneteter Teig klebt weniger an Händen, Schüsseln und Arbeitsflächen, deshalb lange Knetzeiten nicht scheuen. Gärkörbchen und Küchentücher, in denen der Teig reift, am besten mit Semola rimacinata, Roggenmehl oder Reismehl bestreuen, da Weizen- und Dinkelmehl in Verbindung mit Feuchtigkeit zu Kleister werden und der Teig kleben bleibt.

KLEINE HEFEMENGEN ABMESSEN Falls keine Feinwaage zur Verfügung steht, lassen sich kleine Hefemengen recht gut schätzen: 1 g frische Hefe entspricht etwa der Größe einer Erbse. 0,1 g frische Hefe entspricht etwa der Größe eines Reiskorns (siehe Seite 15).

FRISCHE HEFE ODER TROCKENHEFE Ich verwende frische Hefe, aber du kannst bei allen Rezepten statt frischer Hefe auch Trockenhefe verwenden, nur musst du die Mengen umrechnen: 3 g frische Hefe entsprechen 1 g Trockenhefe (siehe Seite 14).

DEHNEN UND FALTEN Eine wichtige Technik bei der Herstellung von Brotteigen, die leicht zu bewerkstelligen ist: Teig auf einer leicht bemehlten Arbeitsfläche zu einem Quadrat, Rechteck oder auch Kreis ausziehen (dehnen). Dann von allen Seiten zur Mitte hin überlappend einschlagen und übereinanderfalten (wie bei einem Handtuch). Den Teig erneut rund formen und zum Entspannen abgedeckt beiseitestellen (siehe Seite 23).

TEIG ABDECKEN Um ein Austrocknen des Teigs zu vermeiden, muss dieser während der Reifephase abgedeckt werden. Gärboxen oder Teigwannen, die einen Deckel haben, eignen sich sehr gut. Aber auch jede Schüssel erfüllt ihren Zweck, solange sie mit einem Deckel oder Frischhaltefolie oder einem feuchten Küchentuch abgedeckt wird (siehe Seite 24).

RAUMTEMPERATUR Die Raumtemperatur hat einen erheblichen Einfluss auf die Reifezeit von Teigen. In meinen Rezepten gehe ich von einer durchschnittlichen Raumtemperatur von 21 °C bis 22 °C aus. Ein Temperaturunterschied von 5 °C führt schon zu einer Verdoppelung oder Halbierung der Reifezeit. Deshalb ist es wichtig, bei der Zubereitung von Teigen auf die Raumtemperatur zu achten (siehe Seite 26).

REIFEZEITEN Die Zeitangaben in den Rezepten sind eher als grobe Orientierung zu betrachten, denn die Reifezeit eines Teigs hängt nicht allein von der Umgebungstemperatur ab, sondern auch von Faktoren wie Luftdruck, Enzymaktivität des Mehls sowie Ausgangstemperatur der Zutaten. Der Teig darf nicht zu kurz, aber auch nicht zu lange reifen, sonst wird er überfermentieren. Vertraue auf deinen Instinkt! Wenn du unsicher bist, solltest du den Teig einfach etwas länger ruhen lassen (siehe Seite 27).

MIT DAMPF BACKEN Für das Bedampfen des Backofens die Dampfgarfunktion hinzuschalten oder eine Metallschale mit in den Backofen stellen, die zusammen mit dem Ofen vorgeheizt wird. Sobald der Teigling dann im Ofen ist, eine Tasse Wasser in die heiße Schale schütten. Das Wasser verdampft schlagartig und erzeugt die nötige Feuchtigkeit im Backraum (siehe Seite 31).

AUF UNTERSTER SCHIENE BACKEN Bei Ober-/Unterhitze sollte auf der untersten Ofenschiene gebacken werden. Das bringt maximale Unterhitze, die das Aufgehen des Teiglings begünstigt. Außerdem sorgt der Abstand zu den oberen Heizstäben dafür, dass das Brot nicht zu schnell verkrustet (siehe Seite 29).

ZU ENDE BACKEN Bis zur gewünschten Bräunung backen. Für eine dickere Brotkruste bei etwas niedrigerer Temperatur backen, dafür aber länger. Falls die Kruste dünner bleiben soll, bei etwas höherer Temperatur ein wenig kürzer backen (siehe Seite 32).

GUT ZU WISSEN Bei allen Rezepten findest du einen QR-Code, über den du zu einer Videosammlung gelangst, die dir grundlegende und wiederkehrende Techniken erläutert.

Brot mit Hefe

Dinkelbrot mit Haferkruste

ZUBEREITEN 25 Minuten **RUHEN** 19–23 Stunden
BACKEN 50–55 Minuten

TAG 1
BRÜHSTÜCK
ca. 09:00 Uhr herstellen, 2 Minuten

HAUPTTEIG
ca. 10:00 Uhr kneten, 5–7 Minuten

DEHNEN UND FALTEN
10:40 Uhr, 1 Minute
11:00 Uhr, 1 Minute
11:20 Uhr, 1 Minute
11:40 Uhr, 1 Minute
12:00 Uhr, 1 Minute

FORMEN
ca. 20:00 Uhr langwirken, 5 Minuten
20:05 Uhr wälzen, 2 Minuten

TAG 2
OFEN
ca. 07:00 Uhr vorheizen
ca. 07:30 Uhr backen, 50–55 Minuten

ERGIBT 1 BROT

BRÜHSTÜCK
100 g Haferflocken
12 g Salz
200 g kochendes Wasser

HAUPTTEIG
450 g Dinkelmehl Type 1050 plus etwas zum Bemehlen
150 g Dinkelvollkornmehl
350 g Wasser
1,5 g Hefe
15 g Zuckerrübensirup (alternativ Honig)

TOPPING
100 g Haferflocken

AUSSERDEM
mit Semola rimacinata (Hartweizenmehl) bemehltes Gärkörbchen

vegan, vollwertig

TAG 1

❶ Für das Brühstück Haferflocken und Salz in eine Schüssel geben, mit dem kochenden Wasser übergießen und mindestens **60 Minuten** quellen lassen.

❷ Für den Hauptteig das Brühstück in die Schüssel der Küchenmaschine geben, beide Mehle, Wasser, Hefe und Sirup hinzufügen und mit dem Knethaken bei mittlerer Geschwindigkeit **5–7 Minuten** zu einem glatten Teig kneten. (Alternativ **7–9 Minuten** per Hand kneten.)

❸ Die Schüssel abdecken und den Teig **10 Stunden** bei **Raumtemperatur** reifen lassen, in den ersten **90 Minuten** fünfmal dehnen und falten (siehe Seite 23). Das gibt dem Teig sehr viel Stabilität, sodass er später beim Backen nicht auseinanderläuft.

❹ Den Teig auf einer leicht bemehlten Arbeitsfläche zu einem Rechteck ziehen, die kurzen Seiten jeweils zur Mitte überlappend einschlagen und von der langen Seite straff aufrollen.

❺ Für das Topping den Teigling in den Haferflocken wälzen, mit der Naht nach oben in das bemehlte Gärkörbchen legen, abdecken und über Nacht **8–12 Stunden** im Kühlschrank reifen lassen.

TAG 2

❻ Am nächsten Morgen den Backofen gut auf **250 °C** Ober-/Unterhitze vorheizen.

❼ Den Teigling vorsichtig auf ein mit Backpapier ausgelegtes Backblech stürzen und einmal längs einschneiden.

❽ In den Ofen auf die unterste Schiene schieben, die Temperatur direkt auf **230 °C** reduzieren und mit Dampf (siehe Seite 31) **50–55 Minuten** backen, dabei nach **15 Minuten** durch Öffnen der Ofentür den Dampf ablassen, die Temperatur auf **210 °C** reduzieren und fertig backen.

❾ Herausnehmen und auf einem Küchengitter abkühlen lassen.

Kartoffel-Dinkel-Brot

ZUBEREITEN 30 Minuten **GAREN** 20–30 Minuten **RUHEN** 23–30 Stunden **BACKEN** 40–50 Minuten

TAG 1
POOLISH
ca. 20:00 Uhr ansetzen, 2 Minuten

TAG 2
HAUPTTEIG
ca. 10:00 Uhr Kartoffeln zubereiten, 30–40 Minuten
ca. 16:00 Uhr kneten, 7–9 Minuten

DEHNEN UND FALTEN
ca. 16:45 Uhr, 1 Minute
ca. 17:15 Uhr, 1 Minute
ca. 17:45 Uhr, 1 Minute

FORMEN
ca. 20:00 Uhr langwirken, 5 Minuten

TAG 3
OFEN
ca. 07:00 Uhr vorheizen
ca. 07:30 Uhr backen, 40–50 Minuten

ERGIBT 1 BROT

POOLISH
150 g Dinkelmehl Type 1050
150 g Wasser
0,1 g frische Hefe

HAUPTTEIG
380 g vorwiegend festkochende Kartoffeln
370 g Dinkelmehl Type 1050 plus etwas zum Bemehlen
10 g Salz

AUSSERDEM
mit Semola rimacinata (Hartweizenmehl) bemehltes Gärkörbchen

vegan

TAG 1

❶ Für den Poolish am Abend Mehl, Wasser und Hefe in eine Schüssel geben, mit einem Kochlöffel gut verrühren, abdecken und bei **Raumtemperatur 20 Stunden** reifen lassen.

TAG 2

❷ Am nächsten Morgen für den Hauptteig die Kartoffeln waschen, in einen Topf geben, knapp mit Wasser bedecken, zum Kochen bringen und je nach Größe der Kartoffeln **20–30 Minuten** gar kochen. Abgießen, kalt abschrecken, noch heiß pellen, durch eine Kartoffelpresse drücken oder zerstampfen und zum Abkühlen beiseitestellen.

❸ Erkaltetes Kartoffelpüree in die Rührschüssel der Küchenmaschine geben. Poolish und Mehl hinzufügen und mit dem Knethaken auf langsamer Stufe **4–5 Minuten** kneten, bis der Teig gebunden ist. Das Salz dazugeben und auf mittlerer Stufe weitere **3–4 Minuten** kneten. (Alternativ **10–12 Minuten** per Hand kneten.)

❹ Die Schüssel abdecken und den Teig **3–4 Stunden** reifen lassen, dabei in den ersten **90 Minuten** mindestens dreimal dehnen und falten (siehe Seite 23).

❺ Den Teig vorsichtig auf eine leicht bemehlte Arbeitsfläche stürzen, zu einem Rechteck ziehen, die kurzen Seiten jeweils zur Mitte überlappend einschlagen und straff von der langen Seite aufrollen, um Spannung aufzubauen. Dann schonend länglich formen, mit der Naht nach oben in das bemehlte Gärkörbchen geben und abgedeckt über Nacht **8–12 Stunden** im Kühlschrank ruhen lassen.

TAG 3

❻ Am nächsten Morgen den Backofen auf **250 °C** Ober-/Unterhitze vorheizen. Den Teigling vorsichtig auf ein mit Backpapier ausgelegtes Backblech stürzen, mit einem scharfen Messer einmal längs einschneiden und mit etwas Wasser besprühen.

❼ In den vorgeheizten Ofen auf die unterste Schiene schieben und **40–50 Minuten** backen, dabei nach **10 Minuten** durch Öffnen der Ofentür den Dampf ablassen, die Temperatur auf **220 °C** reduzieren und fertig backen, bis das Brot goldbraun ist.

❽ Herausnehmen und auf einem Küchengitter abkühlen lassen.

MEIN TIPP Die Kartoffeln fügen dem Teig Feuchtigkeit hinzu. Sollte der Hauptteig dennoch zu fest sein, kann nach und nach bis zu 100 g Wasser eingeknetet werden. Falls Kartoffelstücke im Teig gewünscht sind, eine weitere gekochte Kartoffel pellen, klein schneiden und ganz zum Schluss in den Teig einkneten.

TAG 1
TEIG
ca. 08:00 Uhr anrühren,
5 Minuten

FORMEN
ca. 09:00 Uhr in Form füllen,
2 Minuten

OFEN
ca. 19:00 Uhr vorheizen
ca. 19:30 Uhr backen,
2 ½ Stunden

TAG 2
GENUSS
ca. 08:00 Uhr anschneiden

ERGIBT 1 BROT
500 g Buttermilch
1 g frische Hefe
250 g Weizenvollkornmehl
250 g Weizenvollkornschrot
200 g Roggenvollkornschrot
50 g geschrotete Leinsamen
100 g Sonnenblumenkerne
100 g Zuckerrübensirup
10 g Salz
Pflanzenöl zum Einfetten

AUSSERDEM
Kastenform (20 cm Länge, mit ofenfestem Deckel)

vollwertig

Rheinisches Schwarzbrot

ZUBEREITEN 10 Minuten **RUHEN** 9–13 Stunden **BACKEN** 2 ½ Stunden

TAG 1

❶ Die Buttermilch in eine Schüssel geben und die Hefe darin auflösen. Alle Mehle, Leinsamen, Sonnenblumenkerne, Sirup und Salz in eine große Schüssel geben, die Buttermilch-Hefe-Mischung hinzugießen und mit einem Kochlöffel zu einem eher flüssigen Teig verrühren.

❷ Die Schüssel abdecken und den Teig **60 Minuten** bei **Raumtemperatur** reifen lassen.

❸ Die Kastenform leicht mit Öl einfetten. Den Teig hineingeben und die Form auf den Tisch klopfen, damit eventuelle Luftblasen entweichen. Den Deckel auflegen (oder mit Alufolie abdecken) und **8–12 Stunden** bei **Raumtemperatur** reifen lassen.

❹ Gegen Abend den Backofen gut auf **150 °C** Ober-/Unterhitze vorheizen.

❺ Die Teigoberfläche mit Wasser bestreichen, Deckel (oder Alufolie) wieder aufsetzen und im vorgeheizten Ofen auf der untersten Schiene **2 ½ Stunden** backen.

❻ Aus dem Ofen nehmen und das Brot unter dem Deckel (oder der Alufolie) auskühlen lassen.

TAG 2

❼ Frühestens am nächsten Tag in dünne Scheiben schneiden und genießen.

MEINE TIPPS Wie du auch ohne Feinwaage kleine Hefemengen abmisst, findest du im Theorieteil (siehe Seite 15). Der kernig-gesunde Klassiker schmeckt sowohl mit Quark und Marmelade als auch als Käsestulle mit Gurke oder Radieschen. Ein Highlight zu jeder Brotzeit.

TAG 1
AUTOLYSETEIG
ca. 10:30 Uhr mischen, 2 Minuten

HAUPTTEIG
ca. 11:00 Uhr kneten, 2–3 Minuten

DEHNEN UND FALTEN
ca. 11:30 Uhr, 1 Minute
ca. 12:00 Uhr, 1 Minute
ca. 12:30 Uhr, 1 Minute
ca. 13:00 Uhr, 1 Minute

FORMEN
ca. 19:00 Uhr in die Form drücken, 5 Minuten

TAG 2
OFEN UND TOPPING
ca. 07:00 Uhr vorheizen
ca. 07:15 Uhr formen und belegen, 5 Minuten
ca. 07:30 Uhr backen, 25–30 Minuten

ERGIBT 1 FOCACCIA

AUTOLYSETEIG
600 g Pizzamehl tipo 00
500 g Wasser
2,5 g Hefe

HAUPTTEIG
15 g Salz
Pflanzenöl zum Einfetten

TOPPING
50 g Olivenöl
Nadeln von 1–2 Zweigen Rosmarin
grobes Meersalz

AUSSERDEM
große rechteckige Backform (40 × 32 cm)

vegan

Focaccia

ZUBEREITEN 25 Minuten **RUHEN** 16 ½–20 ½ Stunden
BACKEN 25–30 Minuten

TAG 1

❶ Für den Autolyseteig das Mehl in eine Schüssel füllen, Wasser und Hefe hinzufügen und mit einem Kochlöffel klümpchenfrei verrühren. Das Mischen selbst dauert nur **30 Sekunden** und muss absolut nicht perfekt sein. Es sollten nur keine trockenen Mehlnester mehr zurückbleiben. Die Schüssel abdecken und den Teig **30 Minuten** ruhen lassen.

❷ Für den Hauptteig das Salz zum Autolyseteig geben und von Hand kurz unterkneten. **2–3 Minuten** reichen hier vollkommen aus, es kann natürlich auch mit der Maschine geknetet werden.

❸ Die Schüssel wieder abdecken und den Teig **8 Stunden** bei **Raumtemperatur** reifen lassen, dabei in den ersten **2 Stunden** viermal dehnen und falten (siehe Seite 23).

❹ Die Backform mit Backpapier auslegen, mit Öl einfetten und den Teig hineingeben. Leicht andrücken, dabei auch in die Ecken drücken, dann abdecken und über Nacht **8–12 Stunden** im Kühlschrank reifen lassen.

TAG 2

❺ Am nächsten Morgen den Backofen gut auf **250 °C** Ober-/Unterhitze vorheizen.

❻ Für das Topping die Teigoberfläche mit dem Olivenöl bestreichen und mit allen zehn Fingern viele gleichmäßig verteilte Mulden in den Teig drücken, wobei die Finger ruhig ganz bis zum Boden drücken dürfen. Dann mit Rosmarin und Meersalz bestreuen.

❼ In den vorgeheizten Ofen auf die unterste Schiene schieben, die Temperatur direkt auf **230 °C** reduzieren und ohne Dampf **25–30 Minuten** backen.

❽ Aus dem Ofen nehmen und die Focaccia etwas abkühlen lassen. Am besten noch lauwarm genießen.

MEINE TIPPS Du kannst den Belag der Focaccia beliebig variieren und den Teig zum Beispiel mit Tomatensugo bestreichen und mit Mozzarellascheiben und Basilikumblättern belegen. Superbeliebt bei Gästen als Appetizer vor dem Essen. Und die Kinder freuen sich, wenn was übrig bleibt und zum nächsten Picknick mitgenommen wird.

TAG 1
TEIG
ca. 16:45 Uhr kneten,
10–12 Minuten

DEHNEN UND FALTEN
ca. 17:30 Uhr, 1 Minute
ca. 18:00 Uhr, 1 Minute
ca. 18:30 Uhr, 1 Minute

FORMEN
ca. 20:00 Uhr langwirken,
5 Minuten

TAG 2
OFEN UND EISTREICHE
ca. 07:00 Uhr vorheizen
ca. 07:00 Uhr bestreichen und bestreuen, 3 Minuten
ca. 07:30 Uhr backen,
30–35 Minuten

ERGIBT 1 BROT

TEIG
420 g Weizenmehl Type 550 plus etwas zum Bemehlen
300 g Ayran
5 g frische Hefe
8 g Salz
15 g Zucker
Semola rimacinata (Hartweizenmehl) zum Bemehlen

EISTREICHE UND TOPPING
1 Eigelb (Größe M)
1 ½ EL Milch (3,5 % Fett)
30 g Sesamsaat

AUSSERDEM
Kastenform (30 cm Länge)

Ayranbrot

ZUBEREITEN 25 Minuten **RUHEN** 12–15 Stunden **BACKEN** 30–35 Minuten

TAG 1

❶ Für den Teig Mehl, Ayran, Hefe, Salz und Zucker in die Rührschüssel der Küchenmaschine geben und mit dem Knethaken bei mittlerer Geschwindigkeit **10–12 Minuten** zu einem glatten Teig verarbeiten. Er sollte nicht mehr am Schüsselrand kleben und elastisch sein. (Alternativ **13–15 Minuten** per Hand kneten.)

❷ Die Schüssel gut abdecken und den Teig **3 Stunden** bei **Raumtemperatur** anspringen lassen, dabei in den ersten **90 Minuten** dreimal dehnen und falten (siehe Seite 23).

❸ Der Teig sollte nun Reifeanzeichen zeigen, er hat entweder schon leicht im Volumen zugelegt oder es sind durch die Schüsselwand (bei transparenten Schüsseln) bereits einige Bläschen erkennbar.

❹ Nun den Teig auf einer leicht bemehlten Arbeitsfläche zu einem Rechteck ziehen, die kurzen Seiten jeweils zur Mitte überlappend einschlagen und straff von der langen Seite aufrollen, um Spannung aufzubauen. Dann zu einem länglichen Laib mit spitzen Enden formen. Ein Küchentuch mit Semola bestäuben und die Kastenform damit auslegen, den Teigling mit der Naht nach oben hineingeben, abdecken und über Nacht **9–12 Stunden** im Kühlschrank reifen lassen.

TAG 2

❺ Am nächsten Morgen den Backofen gut auf **250 °C** Ober-/Unterhitze vorheizen.

❻ Inzwischen für die Eistreiche Eigelb und Milch verquirlen. Den Teigling vorsichtig auf ein mit Backpapier ausgelegtes Backblech stürzen und etwas nachformen.

❼ Den Teigling mit der Eistreiche bepinseln, mit Sesam bestreuen, mit einem scharfen Messer einmal längs einschneiden und noch etwas ruhen lassen.

❽ Das Backblech in den vorgeheizten Ofen auf die unterste Schiene schieben, die Temperatur auf **220 °C** reduzieren und mit Dampf (siehe Seite 31) **30–35 Minuten** backen.

❾ Herausnehmen und auf einem Küchengitter abkühlen lassen.

MEIN TIPP Nicht nur wer gern Ayran trinkt, wird von diesem Brot begeistert sein. Mit seiner saftig-salzigen Note schmeckt es großartig schlicht mit etwas Butter, aber beispielsweise auch super zu Suppe.

Ayran

TAG 1
AUTOLYSETEIG
ca. 17:00 Uhr mischen, 2 Minuten

BRÜHSTÜCK
ca. 17:00 Uhr herstellen, 2 Minuten

HAUPTTEIG
ca. 17:45 Uhr kneten, 7–9 Minuten

DEHNEN UND FALTEN
ca. 18:30 Uhr, 1 Minute
ca. 19:00 Uhr, 1 Minute
ca. 19:30 Uhr, 1 Minute

FORMEN
ca. 20:30 Uhr rundwirken, 5 Minuten

TAG 2
OFEN
07:00 Uhr vorheizen
07:30 Uhr backen, 50 Minuten

ERGIBT 1 BROT

AUTOLYSETEIG
550 g Dinkelvollkornmehl plus etwas zum Bemehlen
320 g Wasser

BRÜHSTÜCK
40 g Dinkelvollkornschrot
5 g Flohsamenschalen
13 g Salz
150 g kochendes Wasser

HAUPTTEIG
5 g frische Hefe
Dinkelvollkornmehl zum Bemehlen

AUSSERDEM
mit Semola rimacinata (Hartweizenmehl) bemehltes Gärkörbchen
gusseiserner (oder ofenfester) Topf mit Deckel

vegan, vollwertig

Dinkel-Vollkornbrot mit Dinkelschrot

ZUBEREITEN 25 Minuten **RUHEN** 10–14 Stunden, 45 Minuten
BACKEN 50 Minuten

TAG 1

❶ Für den Autolyseteig Mehl und Wasser in eine Schüssel geben, grob vermischen, bis keine Mehlnester mehr vorhanden sind, abdecken und **45 Minuten** ruhen lassen.

❷ Parallel dazu für das Brühstück Dinkelvollkornschrot, Flohsamenschalen und Salz in eine Schüssel geben, mit dem kochenden Wasser übergießen, mit einem Kochlöffel gut verrühren und **45 Minuten** quellen lassen.

❸ Für den Hauptteig Autolyseteig, Brühstück und Hefe in die Rührschüssel der Küchenmaschine geben und mit dem Knethaken bei mittlerer Geschwindigkeit **7–9 Minuten** kneten. (Alternativ gut **10 Minuten** per Hand kneten.)

❹ Die Schüssel abdecken. Den Teig bei **Raumtemperatur 2 Stunden** anspringen lassen, dabei zwei- bis viermal dehnen und falten (siehe Seite 23).

❺ Den Teig auf einer leicht bemehlten Arbeitsfläche von allen Seiten zur Mitte einschlagen, dabei in einer rotierenden Bewegung zum Körper ziehen, um Spannung aufzubauen, und zu einem runden Laib formen. Mit der Naht nach oben in das bemehlte Gärkörbchen legen, abdecken und über Nacht **8–12 Stunden** im Kühlschrank reifen lassen.

TAG 2

❻ Am nächsten Morgen den Backofen gut auf **250 °C** Ober-/Unterhitze vorheizen, dabei einen gusseisernen Topf mit Deckel auf der untersten Schiene mit hineingeben.

❼ Den Teigling direkt in den heißen Topf stürzen, kreuzweise einschneiden, den Deckel auflegen und **50 Minuten** backen, dabei nach **20 Minuten** den Deckel abnehmen, die Temperatur auf **220 °C** reduzieren und bis zur gewünschten Bräune fertig backen.

❽ Herausnehmen und auf einem Küchengitter abkühlen lassen.

MEIN TIPP Falls du keinen geeigneten Topf zum Backen hast, kannst du das Brot auch aufs Backblech geben und backen.

TAG 1
MEHLKOCHSTÜCK
ca. 13:30 Uhr zubereiten, 10 Minuten

HAUPTTEIG
ca. 15:15 Uhr kneten, 10–12 Minuten

DEHNEN UND FALTEN
ca. 16:00 Uhr, 1 Minute
ca. 16:30 Uhr, 1 Minute
ca. 17:00 Uhr, 1 Minute

FORMEN
ca. 19:30 Uhr aus- und aufrollen, 5 Minuten

TAG 2
OFEN
ca. 07:00 Uhr vorheizen
ca. 07:30 Uhr backen, 30 Minuten

ERGIBT 1 BROT
MEHLKOCHSTÜCK
50 g Weizenmehl Type 550
200 g Milch (3,5 % Fett)
HAUPTTEIG
500 g Weizenmehl Type 550 plus etwas zum Bemehlen
200 g Milch (3,5 % Fett)
5 g frische Hefe
20 g Zucker
50 g Butter
12 g Salz
AUSSERDEM
Kastenform (30 cm Länge)

VOLLKORNVARIANTE
MEHLKOCHSTÜCK
30 g Weizenmehl Type 550
200 g Milch (3,5 % Fett)
20 g geschrotete Leinsamen
HAUPTTEIG
200 g Weizenmehl Type 550
300 g Weizenvollkornmehl
245 g Milch (3,5 % Fett)
5 g frische Hefe
20 g Zucker
50 g Butter
12 g Salz

vollwertig

Sandwich-Toastbrot – hell

ZUBEREITEN 35 Minuten **ABKÜHLEN** mind. 30 Minuten
RUHEN 12–16 Stunden **BACKEN** 30 Minuten

TAG 1

❶ Für das Mehlkochstück Mehl und Milch in einem Topf glatt verrühren, dann langsam unter Rühren erhitzen, bis eine puddingähnliche Masse entsteht. Vom Herd nehmen und abgedeckt mindestens **30 Minuten** abkühlen lassen (noch besser **1–2 Stunden** in den Kühlschrank stellen).

❷ Für den Hauptteig das Mehlkochstück in die Rührschüssel der Küchenmaschine geben, Mehl, Milch, Hefe und Zucker zugeben und mit dem Knethaken auf langsamer Stufe **6–7 Minuten** glatt kneten. Butter und Salz zugeben, die Geschwindigkeit erhöhen und weitere **4–5 Minuten** kneten. (Alternativ **13–15 Minuten** per Hand kneten.)

❸ Die Rührschüssel abdecken und den Teig etwa **4 Stunden** reifen lassen, dabei in den ersten **90 Minuten** dreimal dehnen und falten (siehe Seite 23).

❹ Den Teig auf einer leicht bemehlten Arbeitsfläche mit dem Nudelholz zu einem etwa 40 × 60 cm großen Rechteck ausrollen. Dann von der kurzen Seite aufrollen, in vier gleich große Stücke schneiden und diese mit der Naht nach unten quer in die mit Backpapier ausgelegte Kastenform geben. Abdecken und über Nacht **8–12 Stunden** im Kühlschrank ruhen lassen.

TAG 2

❺ Am nächsten Morgen den Backofen gut auf **230 °C** Ober-/Unterhitze vorheizen.

❻ Die Kastenform in den Ofen auf die unterste Schiene geben, die Temperatur direkt auf **200 °C** reduzieren und **30 Minuten** mit Dampf (siehe Seite 31) backen.

❼ Herausnehmen und auf einem Küchengitter abkühlen lassen.

VARIANTE

Sandwich-Toastbrot – Vollkorn

TAG 1

❶ Für das Mehlkochstück alle Zutaten, wie oben im Hauptrezept in Schritt 1 angegeben, verarbeiten.

❷–❺ Für den Hauptteig in Schritt 2 das Kochstück mit beiden Mehlen, Milch, Hefe und Zucker in die Rührschüssel der Küchenmaschine geben, mit dem Knethaken **6–7 Minuten** kneten, dann Butter und Salz hinzufügen und wie angegeben fortfahren.

TAG 2

❻–❼ Wie im Hauptrezept angegeben fortfahren.

MEIN TIPP Zum Abdecken kannst du auch Alufolie verwenden, die dann beim Backen als Deckel dient, sodass du den Ofen nicht bedampfen musst. Morgens, mittags, abends, frisch duftend aus dem Ofen oder später geröstet aus dem Toaster – alle lieben Toastbrot. Selbst gemacht ist es so viel leckerer und bekömmlicher als aus der Tüte.

BACKEN IM TOPF Falls im ofenfesten (am besten gusseisernen) Topf gebacken werden soll, diesen im Backofen mit vorheizen. Den Teigling rund statt länglich formen, vorsichtig auf Backpapier stürzen, mit dem Papier in den heißen Topf geben, den Deckel aufsetzen und wie angegeben ohne Dampf backen und statt den Dampf abzulassen, einfach den Deckel abnehmen.

Semola Forever

ZUBEREITEN 35 Minuten **RUHEN** 15–21 Stunden **BACKEN** 60 Minuten

TAG 1
SAUERTEIG
ca. 10:30 Uhr ansetzen, 2 Minuten

BRÜHSTÜCK
ca. 10:35 Uhr herstellen, 2 Minuten

HAUPTTEIG
ca. 16:15 Uhr kneten, 20–25 Minuten

DEHNEN UND FALTEN
ca. 17:15 Uhr, 1 Minute
ca. 18:15 Uhr, 1 Minute

FORMEN
ca. 19:30 Uhr langwirken, 5 Minuten

TAG 2
OFEN
ca. 07:00 Uhr vorheizen
ca. 07:30 Uhr backen, 60 Minuten

ERGIBT 1 BROT

SAUERTEIG
15 g Anstellgut (siehe Seite 18)
15 g Weizenvollkornmehl
15 g Wasser

BRÜHSTÜCK
50 g Weizenvollkornmehl
150 g kochendes Wasser

HAUPTTEIG
530 g Semola rimacinata (Hartweizenmehl) plus etwas zum Bemehlen
350 g Wasser
4 g Hefe
12 g Salz

AUSSERDEM
mit Semola rimacinata (Hartweizenmehl) bemehltes Gärkörbchen

vegan

TAG 1

❶ Für den Sauerteig das Anstellgut in einer Schale kräftig mit Mehl und Wasser verrühren, locker abdecken und **4–6 Stunden** bei **Raumtemperatur** reifen lassen, bis der höchste Wachstumspunkt erreicht ist (Vollreife).

❷ Für das Brühstück das Mehl mit dem kochenden Wasser in einer Schüssel mit einem Kochlöffel verrühren und abgedeckt **30 Minuten** oder bis zu **6 Stunden** quellen und abkühlen lassen.

❸ Für den Hauptteig Sauerteig und Brühstück in die Schüssel der Küchenmaschine geben, Semola, Wasser, Hefe und Salz hinzufügen und mit dem Knethaken erst **5 Minuten** auf langsamer Stufe, dann **15–20 Minuten** auf schneller Stufe kneten. Das Hartweizenmehl braucht Zeit, um ein gutes Glutengerüst zu entwickeln.

❹ Die Schüssel abdecken und den Teig **3 Stunden** bei **Raumtemperatur** reifen lassen, dabei in den ersten **90 Minuten** dreimal dehnen und falten (siehe Seite 23).

❺ Den Teig auf einer leicht bemehlten Arbeitsfläche zu einem Rechteck ziehen, die kurzen Seiten jeweils zur Mitte überlappend einschlagen und straff von der langen Seite aufrollen, um Spannung aufzubauen. Dann zu einem länglichen Laib formen und mit der Naht nach oben in das bemehlte Gärkörbchen geben. Abdecken und über Nacht **8–12 Stunden** im Kühlschrank reifen lassen.

TAG 2

❻ Am nächsten Morgen den Backofen gut auf **250 °C** Ober-/Unterhitze vorheizen.

❼ Den Teigling vorsichtig auf ein mit Backpapier ausgelegtes Backblech stürzen und mit einem scharfen Messer längs einschneiden.

❽ In den vorgeheizten Ofen auf die unterste Schiene geben, die Temperatur direkt auf **220 °C** reduzieren und **60 Minuten** mit viel Dampf (siehe Seite 31) backen, dabei nach **20 Minuten** durch Öffnen der Ofentür den Dampf ablassen und bis zur gewünschten Bräune fertig backen.

❾ Herausnehmen und auf einem Küchengitter abkühlen lassen.

MEIN TIPP Das Semola Forever ist eine Besonderheit, da hier mit Sauerteig und Hefe gebacken wird. So vereint es die lockere Krume der Hefebrote mit der Würze und Bekömmlichkeit des Sauerteigs – genial! Es ist zum echten Dauerbrenner bei uns geworden. Damit werden immer wieder neue Sandwich-Kreationen erfunden, die auch zum Mitnehmen toll sind.

Fougasse

ZUBEREITEN 30 Minuten **RUHEN** 24–26 Stunden **BACKEN** 26–30 Minuten

TAG 1
VORTEIG
ca. 07:30 Uhr ansetzen,
2 Minuten

HAUPTTEIG
ca. 19:30 Uhr kneten,
15 Minuten
ca. 19:35 Uhr hacken,
5 Minuten

DEHNEN UND FALTEN
20:15 Uhr, 1 Minute
20:45 Uhr, 1 Minute
21:15 Uhr, 1 Minute
21:45 Uhr, 1 Minute

TAG 2
OFEN UND FORMEN
ca. 08:00 Uhr vorheizen
ca. 08:15 Uhr formen,
5 Minuten
ca. 08:30 Uhr backen,
26–30 Minuten

ERGIBT 2 BROTE

VORTEIG
150 g Wasser
0,1 g Hefe
150 g Weizenmehl Type 550

HAUPTTEIG
350 g Weizenmehl T65 plus etwas zum Bemehlen
175 g Wasser
11 g Salz
15 g Olivenöl plus etwas zum Bestreichen
50 g entsteinte schwarze Oliven
50 g getrocknete Tomaten

vegan

TAG 1

❶ Für den Vorteig das Wasser in eine Schüssel geben und die Hefe darin auflösen. Das Mehl kräftig einrühren, abdecken und **12 Stunden** bei **Raumtemperatur** reifen lassen.

❷ Für den Hauptteig den Vorteig in die Rührschüssel der Küchenmaschine geben, Mehl und Wasser hinzufügen und mit dem Knethaken erst auf langsamer Stufe **3 Minuten,** dann **5 Minuten** auf schneller Stufe kneten. Salz und Olivenöl dazugeben und weitere **5 Minuten** auf schneller Stufe kneten.

❸ Inzwischen Oliven und Tomaten hacken, nach der Knetzeit zum Teig geben und **2 Minuten** auf langsamer Stufe einarbeiten.

❹ Die Schüssel abdecken und den Teig **12–14 Stunden** bei **Raumtemperatur** reifen lassen, bis sich sein Volumen verdoppelt hat, dabei in den ersten **2 Stunden** drei- bis fünfmal dehnen und falten (siehe Seite 23).

TAG 2

❺ Am nächsten Morgen den Backofen gut auf **250 °C** Ober-/Unterhitze vorheizen.

❻ Den Teig schonend auf die leicht bemehlte Arbeitsfläche geben, mit Mehl bestäuben und halbieren. Die beiden Hälften auf je einen Bogen Backpapier geben, jeweils vorsichtig zu einem Dreieck ziehen, mit einer Teigkarte das typische Blattmuster einstechen und mit Olivenöl bestreichen.

❼ Einen Teigling mithilfe des Backpapiers auf ein Backblech ziehen, in den vorgeheizten Ofen auf die unterste Schiene schieben und **13–15 Minuten** mit etwas Dampf (siehe Seite 31) goldbraun backen.

❽ Aus dem Ofen nehmen, gleich den zweiten Teigling hineingeben und auf die gleiche Weise backen.

❾ Die Fougasse auf Küchengittern abkühlen lassen.

MEINE TIPPS Weizenmehl T65 (Type 65) ist ein französisches Baguette-Mehl und hat vor allem auch eine etwas gelbliche Farbe. Es entspricht in etwa der deutschen Type 550, ist aber glutenreicher und nimmt etwas mehr Wasser auf. Man kann auch beide Brote bei Umluft (230 °C) zusammen im Ofen backen, aber du solltest dann darauf achten, dass sie gleichmäßig bräunen, was bei Umluft manchmal problematisch sein kann.

Wenn du jemanden beeindrucken möchtest, ist Fougasse dein Brot. Aber Achtung, das köstliche provenzalische Gebäck macht süchtig!

Nusskasten

ZUBEREITEN 10–15 Minuten **RUHEN** ca. 24 Stunden
BACKEN 45–55 Minuten

TAG 1
TEIG
ca. 07:30 Uhr anrühren,
5 Minuten

FORMEN
ca. 11:30 Uhr Laib formen und wälzen, 5 Minuten

TAG 2
OFEN
ca. 07:00 Uhr vorheizen
ca. 07:30 Uhr backen,
45–55 Minuten

ERGIBT 1 BROT
370 g Wasser
3 g frische Hefe
15 g Anstellgut (siehe Seite 18)
330 g Weizenmehl Type 550 plus etwas zum Bemehlen
200 g Roggenmehl Type 1150
11 g Salz
75 g Walnusskerne
75 g Haselnusskerne
100 g Haferflocken
evtl. Pflanzenöl zum Einfetten

AUSSERDEM
Kastenform (30 cm Länge)

vegan

TAG 1

❶ Das Wasser in eine Schüssel geben und die Hefe darin auflösen. Das Anstellgut, beide Mehlsorten, Salz, Walnüsse und Haselnüsse hinzufügen und mit einem Kochlöffel so lange verrühren (etwa **2 Minuten),** bis keine Mehlnester mehr zu sehen sind.

❷ Die Schüssel mit einem Deckel oder einem feuchten Küchentuch abdecken und den Teig **4 Stunden** bei **Raumtemperatur** reifen lassen.

❸ Den Teig schonend auf eine leicht bemehlte Arbeitsfläche stürzen und zu einem länglichen Teigling formen. Anschließend großzügig in den Haferflocken wälzen und in die eingefettete oder mit Backpapier ausgelegte Kastenform geben.

❹ Abdecken und etwa **20 Stunden** im Kühlschrank reifen lassen.

TAG 2

❺ Am nächsten Morgen den Backofen gut auf **250 °C** Ober-/Unterhitze vorheizen.

❻ Die Kastenform aus dem Kühlschrank nehmen und den Teig mit einem scharfen Messer längs einschneiden.

❼ In den vorgeheizten Ofen auf die unterste Schiene schieben, die Temperatur direkt auf **200 °C** reduzieren und mit Dampf (siehe Seite 31) **45–55 Minuten** backen, dabei nach **15 Minuten** durch Öffnen der Ofentür den Dampf ablassen, die Temperatur auf **220 °C** erhöhen und bis zur gewünschten Bräunung fertig backen.

❽ Aus dem Ofen nehmen, das Brot in der Form etwas abkühlen lassen, dann stürzen und auf einem Küchengitter abkühlen lassen.

MEIN TIPP Der Sattmacher für lange Tage – ideal, um sich Stullen für unterwegs mitzunehmen. Mit seinem milden Aroma und den herrlichen Nüssen schmeckt es wirklich jedem.

Knoblauch-Feta-Baguette

ZUBEREITEN ca. 35 Minuten **RUHEN** 11–15 Stunden
BACKEN 80–85 Minuten

TAG 1
OFEN UND KNOBLAUCH
ca. 14:30 Uhr vorheizen
ca. 14:30 Uhr Knoblauch vorbereiten, 2 Minuten
ca. 14:40 Uhr backen, 60 Minuten

KNOBLAUCH-FETA-MASSE
ca. 15:45 Uhr herstellen, 5 Minuten

TEIG
ca. 16:00 Uhr kneten, 10–12 Minuten
ca. 16:15 Uhr ausziehen, bestreichen und falten, 8 Minuten

DEHNEN UND FALTEN
ca. 17:00 Uhr, 1 Minute
ca. 17:30 Uhr, 1 Minute

FORMEN
ca. 19:30 Uhr langwirken, 5 Minuten

TAG 2
OFEN
ca. 07:00 Uhr vorheizen
ca. 07:30 Uhr backen, 20–25 Minuten

ERGIBT 3 BROTE

KNOBLAUCH-FETA-MASSE
1 Knoblauchknolle
40 g Olivenöl
Salz
100 g Feta
Nadeln von 2 Zweigen Rosmarin

TEIG
455 g Weizenmehl Type 550 plus etwas mehr zum Bemehlen
295 g Wasser
12 g Olivenöl
9 g Salz
4 g Hefe
Semola rimacinata (Hartweizenmehl) zum Bemehlen

TAG 1

❶ Den Backofen auf **120 °C** Ober-/Unterhitze vorheizen.

❷ Für die Knoblauch-Feta-Masse den Stielansatz von der Knoblauchknolle großzügig abschneiden, die Knolle in eine kleine Auflaufform geben, mit 30 g Öl beträufeln, mit etwas Salz bestreuen und im vorgeheizten Ofen **60 Minuten** backen.

❸ Aus dem Ofen nehmen und etwas abkühlen lassen. Dann den Knoblauch aus der Knolle auspressen und in einen Mixbecher geben. Feta, Rosmarin und 10 g Olivenöl hinzufügen und mit dem Stabmixer zu einer homogenen Masse verarbeiten.

❹ Für den Teig alle Zutaten in die Rührschüssel der Küchenmaschine geben und mit dem Knethaken bei mittlerer Geschwindigkeit **10–12 Minuten** zu einem glatten Teig kneten.

❺ Den Teig auf einer mit Wasser befeuchteten Arbeitsfläche sehr dünn ausziehen und die Hälfte der Teigschicht mit etwas Knoblauch-Feta-Masse bestreichen. Die unbestrichene Hälfte über die bestrichene klappen, sodass die Teigplatte nur noch halb so groß ist. Die eine Hälfte der Teigoberseite wieder mit Knoblauch-Feta-Masse bestreichen, erneut in der Mitte umklappen und mit dem Rest bestreichen.

❻ Den Teigling abdecken und **3 Stunden** bei **Raumtemperatur** ruhen lassen, dabei in den ersten **60 Minuten** zweimal dehnen und falten (siehe Seite 23).

❼ Den Teig auf einer leicht bemehlten Arbeitsfläche in drei gleich große Stücke (à etwa 300 g) teilen, zu Rechtecken flach drücken, die kurzen Seiten jeweils zur Mitte überlappend einschlagen und straff von der langen Seite aufrollen. Ein Küchentuch locker auf ein Backblech legen und mit Semola bemehlen. Die Teiglinge mit der Naht nach oben darauf platzieren und das Tuch zwischen ihnen etwas hochziehen, damit sie sich nicht berühren. Abdecken und über Nacht **8–12 Stunden** im Kühlschrank reifen lassen.

TAG 2

❽ Am nächsten Morgen den Backofen gut auf **250 °C** Ober-/Unterhitze vorheizen.

❾ Die Teiglinge mit der Naht nach unten auf ein mit Backpapier ausgelegtes Backblech geben und mit einem scharfen Messer zwei- bis dreimal diagonal einschneiden.

❿ In den Ofen auf die unterste Schiene schieben, die Temperatur direkt auf **230 °C** reduzieren und mit Dampf (siehe Seite 31) **20–25 Minuten** backen.

⓫ Herausnehmen und auf einem Küchengitter abkühlen lassen.

MEIN TIPP Ein Grund, warum ich die lauen Grillabende im Sommer so mag, zusammen mit Grillgut und Salat ist es unschlagbar.

MEINE TIPPS Das Anstellgut ist nur eine Aromazutat, es sollte also „alt" sein (nicht aktiv). Du kannst es durch 50 g Weizenmehl Type 550 und 50 ml Wasser ersetzen. DAS Abendbrot bei uns in der Familie – die Kinder bevorzugen das Hausbrot „plain", die Erwachsenen gönnen sich auch hin und wieder ein Zwiebelbrot.

BACKEN IM TOPF Falls im ofenfesten (am besten gusseisernen) Topf gebacken werden soll, diesen mit vorheizen. Den Teigling vorsichtig auf Backpapier stürzen, mit Papier in den heißen Topf geben, den Deckel aufsetzen und wie angegeben ohne Dampf backen und statt Dampf abzulassen, einfach den Deckel abnehmen.

TAG 1
VORTEIG
ca. 22:00 Uhr ansetzen, 2 Minuten

TAG 2
HAUPTTEIG
ca. 12:00 Uhr kneten, 11–12 Minuten

DEHNEN UND FALTEN
ca. 12:45 Uhr, 1 Minute
ca. 13:15 Uhr, 1 Minute
ca. 13:45 Uhr, 1 Minute

FORMEN
ca. 16:15 Uhr, rundwirken, 3 Minuten

TAG 3
OFEN
ca. 07:00 Uhr vorheizen
ca. 07:30 Uhr backen, 40–50 Minuten

ERGIBT 1 BROT

VORTEIG
150 g Wasser
0,1 g Hefe
150 g Dinkelvollkornmehl

HAUPTTEIG
410 g Weizenmehl Type 550 plus etwas zum Bemehlen
280 g Wasser
100 g „altes" Anstellgut (siehe Seite 18 und Tipp)
5 g frische Hefe
12 g Salz

AUSSERDEM
mit Semola rimacinata (Hartweizenmehl) bemehltes Gärkörbchen

vegan

Hausbrot – plain

ZUBEREITEN 25 Minuten **RUHEN** 26–34 Stunden **BACKEN** 40–50 Minuten

TAG 1

❶ Für den Vorteig das Wasser in eine Schüssel geben und die Hefe darin auflösen. Das Mehl dazugeben und mit einem Kochlöffel kräftig zu einem glatten Teig verrühren. Abdecken und **12–14 Stunden** bei **Raumtemperatur** reifen lassen.

TAG 2

❷ Für den Hauptteig den Vorteig in die Rührschüssel der Küchenmaschine geben, Mehl, Wasser, Anstellgut und Hefe hinzufügen und mit dem Knethaken erst auf langsamer Stufe **2 Minuten,** dann **6 Minuten** auf schneller Stufe kneten. Das Salz zugeben und weitere **3–4 Minuten** fertig kneten. (Alternativ **13–15 Minuten** per Hand kneten.)

❸ Die Rührschüssel abdecken und den Teig **4 Stunden** bei **Raumtemperatur** reifen lassen, dabei in den ersten **90 Minuten** dreimal dehnen und falten (siehe Seite 23).

❹ Den Teig auf einer leicht bemehlten Arbeitsfläche von allen Seiten zur Mitte einschlagen, dabei in einer rotierenden Bewegung zum Körper ziehen, um Spannung aufzubauen, und zu einem runden Laib formen. Mit der Naht nach oben in das bemehlte Gärkörbchen geben, abdecken und **10–16 Stunden** im Kühlschrank ruhen lassen.

TAG 3

❺ Am nächsten Morgen den Backofen gut auf **250 °C** Ober-/Unterhitze vorheizen.

❻ Den Teigling vorsichtig auf ein mit Backpapier ausgelegtes Backblech stürzen.

❼ Das Blech in den vorgeheizten Ofen auf die unterste Schiene schieben, die Temperatur direkt auf **200 °C** reduzieren und mit Dampf (siehe Seite 31) **40–50 Minuten** backen, dabei nach **15 Minuten** durch Öffnen der Ofentür den Dampf ablassen, die Temperatur wieder auf **230 °C** erhöhen und bis zur gewünschten Bräunung fertig backen.

❽ Herausnehmen und auf einem Küchengitter abkühlen lassen.

VARIANTE

Hausbrot – mit Zwiebeln

❶ Den Vorteig wie oben beschrieben zubereiten.

❷–❽ Vor dem Kneten des Hauptteigs zwei Zwiebeln schälen, fein würfeln, mit 2 EL Pflanzenöl in eine Pfanne geben, anrösten und abkühlen lassen. Den Hauptteig wie beschrieben kneten, dabei die Zwiebeln mit dem Salz zum Teig geben und wie im Hauptrezept angegeben fortfahren.

TAG 1
AUTOLYSETEIG
ca. 16:30 Uhr herstellen,
5 Minuten

HAUPTTEIG
ca. 17:15 Uhr kneten,
7–8 Minuten

DEHNEN UND FALTEN
ca. 18:30 Uhr, 1 Minute

FORMEN
ca. 19:30 Uhr Zopf flechten,
10 Minuten

TAG 2
OFEN UND AUFSTRICH
ca. 07:00 Uhr vorheizen
ca. 07:00 Uhr bestreichen,
1 Minute
ca. 07:30 Uhr backen,
40 Minuten

ERGIBT 1 BROT

AUTOLYSETEIG
700 g Weizenmehl Type 550
250 g Joghurt (3,5 % Fett)
225 g Milch (3,5 % Fett)

HAUPTTEIG
5 g frische Hefe
25 g Butter
14 g Salz
25 g Blütenhonig
Weizenmehl Type 550 zum Bemehlen
Pflanzenöl zum Einfetten
Milch (3,5 % Fett) zum Bestreichen

AUSSERDEM
Kastenform (30 cm Länge)

Joghurt-Stuten

ZUBEREITEN 30 Minuten **RUHEN** 10–14 Stunden, 45 Minuten
BACKEN 40 Minuten

TAG 1

❶ Für den Autolyseteig Mehl, Joghurt und Milch in eine Schüssel geben, vermischen und mit den Händen **1–2 Minuten** leicht kneten, bis keine Mehlnester mehr zu sehen sind. Abdecken und **30 Minuten** ruhen lassen.

❷ Für den Hauptteig den Autolyseteig in die Rührschüssel der Küchenmaschine geben, die Hefe in kleinen Stückchen hinzugeben und mit dem Knethaken bei langsamer Geschwindigkeit **2 Minuten** einarbeiten. Butter, Salz und Honig dazugeben und **2 Minuten** langsam einarbeiten. Dann auf schneller Stufe **3–4 Minuten** kneten, bis der Teig schön glatt ist. (Alternativ etwa **10 Minuten** per Hand kneten.)

❸ Die Schüssel abdecken (oder den Teig in eine Teigwanne mit Deckel geben) und **2 Stunden** bei **Raumtemperatur** ruhen lassen, dabei den Teig nach **60 Minuten** einmal dehnen und falten (siehe Seite 23).

❹ Den Teig auf eine leicht bemehlte Arbeitsfläche geben und zum Entgasen einmal sanft mit den Händen zusammendrücken. In drei gleich große Stücke (à etwa 410 g) teilen, diese zu dicken Rollen formen und **15 Minuten** entspannen lassen.

❺ Dann zu gleichmäßig dicken und etwa 50 cm langen Strängen rollen, aus diesen einen Zopf flechten und in die mit Öl eingefettete Kastenform legen.

❻ Abdecken und über Nacht **8–12 Stunden** im Kühlschrank reifen lassen. In dieser Zeit sollte der Teig mindestens bis zum doppelten Volumen aufgehen.

TAG 2

❼ Am nächsten Morgen den Backofen gut auf **220 °C** Ober-/Unterhitze vorheizen.

❽ Inzwischen die Teigoberfläche mit Milch bestreichen.

❾ Die Form in den vorgeheizten Ofen auf die unterste Schiene geben und mit etwas Dampf (siehe Seite 31) **40 Minuten** backen, dabei nach **10 Minuten** die Temperatur auf **200 °C** reduzieren und fertig backen.

❿ Aus dem Ofen nehmen, den Stuten in der Form etwas abkühlen lassen, dann auf ein Küchengitter stürzen und auskühlen lassen.

MEIN TIPP Es geht nichts über frisch gebackenen Stuten zum Frühstück am Wochenende. Schon der Duft lockt alle an den Tisch und er ist eine echte Augenweide, ganz abgesehen von der fluffig-buttrigen Krume, die neue Kindheitserinnerungen schafft oder alte wieder hervorruft.

Das Proteinbrot ist immer lecker und gesund, aber vor allem nach dem Sport habe ich immer gern welches auf Lager. Dafür friere ich einen Teil des Brotes in Scheiben portioniert ein und taue sie direkt im Toaster auf, um immer etwas greifbar zu haben.

TAG 1
QUELLSTÜCK
ca. 08:00 Uhr herstellen,
10 Minuten

VORTEIG
ca. 08:00 Uhr herstellen,
2 Minuten

HAUPTTEIG
ca. 18:00 Uhr mischen,
4–5 Minuten
ca. 18:05 Uhr in die Form füllen,
2 Minuten

TAG 2
OFEN
ca. 07:00 Uhr vorheizen
ca. 07:30 Uhr backen, 50 Minuten

ERGIBT 1 BROT

QUELLSTÜCK
30 g gehackte Walnusskerne
30 g gehackte Mandelkerne
30 g Sonnenblumenkerne
30 g Hanfsaat
30 g geschrotete Leinsamen
75 g Wasser

VORTEIG
75 g Wasser
1 g Hefe
100 g Dinkelvollkornmehl

HAUPTTEIG
100 g Dinkelvollkornmehl
100 g Haferflockenmehl (siehe auch Tipp)
50 g Leinsamenmehl
165 g Magerquark
10 g Agavendicksaft (oder anderer Sirup)
10 g Apfelessig
10 g Leinöl
12 g Salz
Pflanzenöl zum Einfetten

AUSSERDEM
Kastenform (20 cm Länge, mit ofenfestem Deckel)

vollwertig

Proteinbrot

ZUBEREITEN 20 Minuten **RUHEN** 20–24 Stunden **BACKEN** 50 Minuten

TAG 1

❶ Für das Quellstück am Morgen alle Nüsse und Saaten zusammen in einer Pfanne anrösten. In eine Schale geben, mit dem Wasser übergießen, abdecken und **10 Stunden** bei **Raumtemperatur** quellen lassen.

❷ Parallel dazu für den Vorteig Wasser in eine Schüssel geben, Hefe darin auflösen und das Mehl kräftig unterrühren. Abdecken und ebenfalls **10 Stunden** bei **Raumtemperatur** reifen lassen.

❸ Am Abend für den Hauptteig Quellstück und Vorteig in die Rührschüssel der Küchenmaschine geben, alle Mehle, Quark, Agavendicksaft, Essig, Leinöl und Salz hinzufügen und mit dem Knethaken auf langsamer Stufe **4–5 Minuten** vermischen. (Alternativ kräftig von Hand verrühren.)

❹ Den Teig nun in die leicht eingefettete oder mit Backpapier ausgelegte Kastenform füllen, abdecken und **2 Stunden** bei **Raumtemperatur** anspringen lassen.

❺ Anschließend die Form mit Abdeckung über Nacht **8–12 Stunden** in den Kühlschrank stellen.

TAG 2

❻ Am nächsten Morgen den Backofen gut auf **230 °C** Ober-/Unterhitze vorheizen.

❼ Die Kastenform mit Deckel in den vorgeheizten Ofen auf die unterste Schiene stellen und **50 Minuten** backen, dabei nach **10 Minuten** den Deckel abnehmen, die Temperatur auf **200 °C** reduzieren und fertig backen.

❽ Herausnehmen und auf einem Küchengitter abkühlen lassen.

MEIN TIPP Wenn du kein Haferflockenmehl bekommst oder es vorziehst, frisch zu mahlen: Haferflocken in einen Mixbecher geben und mit dem Stabmixer zu Mehl verarbeiten. Oder im Standmixer mahlen. Falls keine Kastenform mit Deckel vorhanden ist, kann stattdessen auch mit Alufolie abgedeckt oder mit Dampf (siehe Seite 31) gebacken werden. Im letzten Fall sollte nach 10 Minuten der Dampf durch Öffnen der Backofentür abgelassen werden.

Brot mit Sauerteig

TAG 1
SAUERTEIG
ca. 12:00 Uhr ansetzen, 2 Minuten

HAUPTTEIG
ca. 16:45 Uhr kneten,
11–13 Minuten

DEHNEN UND FALTEN
ca. 17:30 Uhr, 1 Minute
ca. 18:00 Uhr, 1 Minute
ca. 18:30 Uhr, 1 Minute

FORMEN
ca. 20:00 Uhr langwirken,
5 Minuten

TAG 2
OFEN
ca. 07:00 Uhr vorheizen
ca. 07:30 Uhr backen,
40–50 Minuten

ERGIBT 1 BROT

SAUERTEIG
30 g Anstellgut (siehe Seite 18)
30 g Wasser (45 °C)
30 g Weizenmehl Type 550

HAUPTTEIG
90 g Roggenvollkornmehl plus etwas zum Bemehlen
360 g Weizenmehl Type 550
300 g Wasser
9 g Salz

AUSSERDEM
mit Semola rimacinata (Hartweizenmehl) bemehltes Gärkörbchen

vegan

Weizenmischbrot mit Roggenvollkorn

ZUBEREITEN 25 Minuten **RUHEN** 15–21 Stunden
BACKEN 40–50 Minuten

TAG 1

❶ Für den Sauerteig alle Zutaten in einer Schüssel mit einem Kochlöffel kräftig verrühren, locker abdecken und **4–6 Stunden** bei **Raumtemperatur** reifen lassen. Das Anstellgut sollte fit und aktiv sein, eventuell muss es am Vortag ein- bis zweimal aufgefrischt werden (siehe Seite 20).

❷ Für den Hauptteig den Sauerteig in die Rührschüssel der Küchenmaschine geben, beide Mehle, Wasser und Salz dazugeben und mit dem Knethaken auf langsamer Stufe **5 Minuten** kneten. Die Geschwindigkeit auf mittlere Stufe erhöhen und **6–8 Minuten** kneten, bis der Teig mittelfest ist. (Alternativ **13–15 Minuten** per Hand kneten.)

❸ Die Schüssel abdecken und den Teig **3 Stunden** bei **Raumtemperatur** reifen lassen, dabei in den ersten **90 Minuten** drei- bis viermal dehnen und falten (siehe Seite 23).

❹ Den Teig auf einer leicht bemehlten Arbeitsfläche zu einem Rechteck ziehen, die kurzen Seiten jeweils zur Mitte überlappend einschlagen und straff von der langen Seite aufrollen, um Spannung aufzubauen. Dann zu einem länglichen Laib formen, mit der Naht nach oben in das bemehlte Gärkörbchen legen, abdecken und über Nacht **8–12 Stunden** im Kühlschrank reifen lassen.

TAG 2

❺ Am nächsten Morgen den Backofen gut auf **250 °C** Ober-/Unterhitze vorheizen.

❻ Den Teigling vorsichtig auf ein mit Backpapier ausgelegtes Backblech stürzen und mit einem scharfen Messer mehrmals tief einschneiden, sodass ein Rautenmuster entsteht.

❼ In den vorgeheizten Ofen auf die unterste Schiene geben, die Temperatur direkt auf **220 °C** reduzieren und mit viel Dampf (siehe Seite 31) **40–50 Minuten** backen, dabei nach **20 Minuten** den Dampf durch Öffnen der Ofentür ablassen und fertig backen, bis das Brot schön dunkel gebräunt ist.

❽ Herausnehmen und auf einem Küchengitter abkühlen lassen.

MEIN TIPP Weizenmischbrot ist DER Brotzeitklassiker. Dank Sauerteig und Roggenanteil bleibt es lange frisch und du kannst es über mehrere Tage verteilt genießen.

MEIN TIPP So lecker und gleichzeitig gesund durch den hohen Nussanteil – ich bin ein Fan von Nussbroten. Dieses passt besonders gut zu einer deftigen, rustikalen Brotzeit.

Weizenmischbrot mit Haselnüssen und Walnüssen

ZUBEREITEN 25 Minuten **RUHEN** 15–21 Stunden **BACKEN** 40–50 Minuten

TAG 1
SAUERTEIG
ca. 11:30 Uhr ansetzen, 2 Minuten

QUELLSTÜCK
ca. 11:30 Uhr herstellen, 10 Minuten

HAUPTTEIG
ca. 16:45 Uhr kneten, 11–13 Minuten

DEHNEN UND FALTEN
ca. 17:30 Uhr, 1 Minute
ca. 18:00 Uhr, 1 Minute
ca. 18:30 Uhr, 1 Minute

FORMEN
ca. 20:00 Uhr langwirken, 5 Minuten

TAG 2
OFEN
ca. 07:00 Uhr vorheizen
ca. 07:30 Uhr backen, 40–50 Minuten

ERGIBT 1 BROT

QUELLSTÜCK
75 g Walnusskerne
75 g Haselnusskerne
50 g Wasser

SAUERTEIG
30 g Anstellgut (siehe Seite 18)
30 g Wasser (45 °C)
30 g Roggenvollkornmehl

HAUPTTEIG
90 g Roggenvollkornmehl plus etwas zum Bemehlen
410 g Weizenmehl Type 550
260 g Wasser
9 g Salz

AUSSERDEM
mit Semola rimacinata (Hartweizenmehl) bemehltes Gärkörbchen

vegan

TAG 1

❶ Für das Quellstück Wal- und Haselnüsse in einer kleinen Pfanne anrösten, in eine Schale geben, mit dem Wasser übergießen, abdecken und **4–6 Stunden** bei **Raumtemperatur** quellen lassen.

❷ Parallel dazu für den Sauerteig Anstellgut, Wasser und Mehl in eine Schüssel geben, mit einem Kochlöffel kräftig verrühren, locker abdecken und **4–6 Stunden** bei **Raumtemperatur** reifen lassen. Das Anstellgut sollte fit und aktiv sein, eventuell muss es am Vortag ein- bis zweimal aufgefrischt werden (siehe Seite 20).

❸ Für den Hauptteig Quellstück und Sauerteig in die Rührschüssel der Küchenmaschine geben, beide Mehle, Wasser und Salz zufügen und mit dem Knethaken auf langsamer Stufe **5 Minuten** kneten. Dann die Geschwindigkeit auf mittlere Stufe erhöhen und **6–8 Minuten** zu einem mittelfesten Teig kneten. (Alternativ **13–15 Minuten** per Hand kneten.)

❹ Die Schüssel abdecken und den Teig **3 Stunden** bei **Raumtemperatur** gehen lassen, dabei in den ersten **2 Stunden** drei- bis viermal dehnen und falten (siehe Seite 23).

❺ Den Teig auf einer leicht bemehlten Arbeitsfläche zu einem Rechteck ziehen, die kurzen Seiten jeweils zur Mitte überlappend einschlagen und straff von der langen Seite aufrollen, um Spannung aufzubauen. Dann zu einem länglichen Laib formen, mit der Naht nach oben in das bemehlte Gärkörbchen legen, abdecken und über Nacht **8–12 Stunden** im Kühlschrank reifen lassen.

TAG 2

❻ Am nächsten Morgen den Backofen gut auf **250 °C** Ober-/Unterhitze vorheizen.

❼ Den Teigling vorsichtig auf ein mit Backpapier ausgelegtes Backblech stürzen und mit einem scharfen Messer mehrmals diagonal tief einschneiden.

❽ In den vorgeheizten Ofen auf die unterste Schiene schieben, die Temperatur direkt auf **220 °C** reduzieren und mit viel Dampf (siehe Seite 31) **40–50 Minuten** backen, dabei nach **20 Minuten** den Dampf durch Öffnen der Ofentür ablassen und fertig backen, bis das Brot schön dunkel gebräunt ist.

❾ Herausnehmen und auf einem Küchengitter abkühlen lassen.

San Francisco Sourdough in vier Varianten

Plain

mit Dinkel, Saaten und Haferflocken

REZEPTE SIEHE SEITEN 76–79

mit Parmesan
und getrockneten
Tomaten

mit Preiselbeeren, Honig
und Holunderblüten

TAG 1
SAUERTEIG
ca. 07:00 Uhr ansetzen, 2 Minuten

FERMENTOLYSETEIG
ca. 11:00 Uhr mischen, 5 Minuten

HAUPTTEIG
ca. 11:30 Uhr kneten, 8–13 Minuten

DEHNEN UND FALTEN
ca. 12:15 Uhr, 1 Minute
ca. 12:45 Uhr, 1 Minute
ca. 13:15 Uhr, 1 Minute

FORMEN
ca. 17:45 Uhr langwirken, 5 Minuten

TAG 2
OFEN
ca. 07:00 Uhr vorheizen
ca. 07:30 Uhr backen, 45 Minuten

San Francisco Sourdough in vier Varianten

San Francisco Sourdough – plain

ZUBEREITEN 35 Minuten **RUHEN** 22 ½–24 ½ Stunden
BACKEN 45 Minuten

TAG 1

❶ Für den Sauerteig das Anstellgut mit Wasser und Mehl in eine Schüssel geben, mit einem Kochlöffel kräftig verrühren, locker abdecken und **4 Stunden** reifen lassen. Das Anstellgut sollte sehr aktiv sein, am besten am Vortag zweimal auffrischen (siehe Seite 20).

❷ Für den Fermentolyseteig 80 g vom Sauerteig mit dem Wasser in die Rührschüssel der Küchenmaschine geben und mit einem Kochlöffel verrühren. Beide Mehlsorten hinzufügen und grob untermischen, es sollten keine Mehlnester mehr verbleiben. Abdecken und **30 Minuten** ruhen lassen.

❸ Für den Hauptteig Wasser und Salz zum Fermentolyseteig geben und mit dem Knethaken bei mittlerer Geschwindigkeit **8–10 Minuten** kneten. Der Teig sollte sehr glatt und elastisch werden, eventuell noch **2–3 Minuten** länger kneten. (Alternativ **12–15 Minuten** per Hand kneten.)

❹ Die Schüssel abdecken. Den Teig **6 Stunden** bei **Raumtemperatur** ruhen lassen, bis sich das Volumen verdoppelt hat, dabei in den ersten **90 Minuten** dreimal dehnen und falten (siehe Seite 23).

❺ Den Teig auf einer leicht bemehlten Arbeitsfläche sehr vorsichtig zu einem Rechteck ziehen, die kurzen Seiten jeweils zur Mitte überlappend einschlagen und den Teig straff von der langen Seite aufrollen, um Spannung aufzubauen. Dann vorsichtig zu einem länglichen Laib formen, ohne die Luftbläschen zu zerstören.

❻ Den Teigling mit der Naht nach oben schonend in das bemehlte Gärkörbchen geben, abdecken und über Nacht **12–14 Stunden** im Kühlschrank **(5–6 °C)** reifen lassen.

ERGIBT 1 BROT

SAUERTEIG
30 g Anstellgut
(siehe Seite 18)
30 g handwarmes Wasser
30 g Weizenvollkornmehl

FERMENTOLYSETEIG
240 g Wasser
350 g Weizenmehl Type 550
50 g Weizenvollkornmehl

HAUPTTEIG
40 g kaltes Wasser
9 g Salz
Weizenmehl Type 550
zum Bemehlen

AUSSERDEM
mit Semola rimacinata
(Hartweizenmehl) bemehltes
Gärkörbchen

vegan

TAG 2

❼ Am nächsten Morgen den Backofen gut auf **250 °C** Ober-/Unterhitze vorheizen.

❽ Den Teigling vorsichtig auf ein mit Backpapier ausgelegtes Backblech stürzen und mit einem scharfen Messer einmal längs einschneiden.

❾ In den vorgeheizten Ofen auf die unterste Schiene schieben, die Temperatur direkt auf **200 °C** reduzieren und mit viel Dampf (siehe Seite 31) **45 Minuten** backen, dabei nach **15 Minuten** durch Öffnen der Ofentür den Dampf ablassen, die Temperatur auf **230 °C** erhöhen und fertig backen.

❿ Herausnehmen und auf einem Küchengitter abkühlen lassen.

MEIN TIPP Die restlichen 10 g Sauerteig für den nächsten Sauerteigansatz aufheben (siehe Seite 20).

BACKEN IM TOPF Falls im ofenfesten (am besten gusseisernen) Topf gebacken werden soll, diesen im Backofen mit vorheizen. Den Teigling rund statt länglich formen, vorsichtig auf Backpapier stürzen, mit dem Papier in den heißen Topf geben, den Deckel aufsetzen und wie angegeben ohne Dampf backen und einfach den Deckel abnehmen, statt den Dampf abzulassen.

VARIANTE

San Francisco Sourdough mit Dinkel, Saaten und Haferflocken

ZUBEREITEN 35 Minuten **RUHEN** 22 ½–24 ½ Stunden
BACKEN 45 Minuten

ERGIBT 1 BROT

SAUERTEIG
30 g Anstellgut (siehe Seite 18)
30 g handwarmes Wasser
30 g Dinkelvollkornmehl

FERMENTOLYSETEIG
240 g Wasser
250 g Dinkelmehl Type 630
100 g Dinkelvollkornmehl
50 g Haferflocken
30 g geschrotete Leinsamen

HAUPTTEIG
40 g kaltes Wasser
9 g Salz
30 g Mohnsaat (Blaumohn)
Dinkelmehl Type 630 zum Bemehlen

vegan, vollwertig

TAG 1

❶ Den Sauerteig vorbereiten, wie im Hauptrezept (siehe Seite 76) in Schritt 1 angegeben.
❷ Für den Fermentolyseteig 80 g vom Sauerteig, wie in Schritt 2 beschrieben, im Wasser auflösen, dann beide Mehle mit Haferflocken und Leinsamen einarbeiten und ruhen lassen.
❸ Für den Hauptteig in Schritt 3 neben Wasser und Salz zusätzlich Mohnsaat zum Fermentolyseteig geben und wie beschrieben verarbeiten.
❹–❻ Wie im Hauptrezept fortfahren.

TAG 2

❼–❿ Wie im Hauptrezept fortfahren.

VARIANTE

San Francisco Sourdough mit Parmesan und getrockneten Tomaten

ZUBEREITEN 40 Minuten **RUHEN** 22 ½–24 ½ Stunden
BACKEN 45 Minuten

ERGIBT 1 BROT

SAUERTEIG
30 g Anstellgut (siehe Seite 18)
30 g handwarmes Wasser
30 g Weizenvollkornmehl

FERMENTOLYSETEIG
350 g Weizenmehl Type 550
50 g Weizenvollkornmehl
240 g Wasser

HAUPTTEIG
40 g kaltes Wasser
9 g Salz
Weizenmehl Type 550 zum Bemehlen

BELAG
50 g geriebener Parmesan
100 g getrocknete Tomaten, klein gehackt

TAG 1

❶–❹ Sauerteig, Fermentolyseteig und Hauptteig, wie im Hauptrezept (siehe Seite 76) in den Schritten 1–4 angegeben, herstellen, allerdings beim dritten Dehnen und Falten in Schritt 4 den Teig auf einer mit Wasser befeuchteten Arbeitsfläche durch Dehnen großflächig ausbreiten, die Hälfte der Teigschicht mit 35 g Parmesan und gehackten Tomaten bestreuen. Die unbelegte Hälfte über die belegte klappen, sodass die Teigplatte nur noch halb so groß ist. Die Hälfte vom übrigen Parmesan und von den übrigen Tomaten wieder auf einer Hälfte verteilen, erneut in der Mitte umklappen und mit dem Rest bestreuen. Nun den Teig der Länge nach einrollen und abgedeckt für die restliche Zeit reifen lassen.
❺–❻ Wie im Hauptrezept fortfahren.

TAG 2

❼–❿ Wie im Hauptrezept fortfahren.

VARIANTE

San Francisco Sourdough mit Preiselbeeren, Honig und Holunderblüten

ZUBEREITEN 40 Minuten **RUHEN** 22 ½–24 ½ Stunden
BACKEN 45 Minuten

ERGIBT 1 BROT

SAUERTEIG
30 g Anstellgut (siehe Seite 18)
30 g handwarmes Wasser
30 g Weizenvollkornmehl

BELAG
200 g Preiselbeeren aus dem Glas
30 g Honig

FERMENTOLYSETEIG
240 g Wasser
350 g Weizenmehl Type 550
50 g Weizenvollkornmehl

HAUPTTEIG
40 g kaltes Wasser
9 g Salz
Weizenmehl Type 550 zum Bemehlen
20 g getrocknete Holunderblüten

TAG 1

❶ Den Sauerteig vorbereiten, wie im Hauptrezept (siehe Seite 76) in Schritt 1 angegeben. Zusätzlich für den Belag die Preiselbeeren mit Honig und Holunderblüten in einer Schale mischen und abgedeckt ziehen lassen.

❷–❹ Fermentolyseteig und Hauptteig, wie im Hauptrezept in den Schritten 2–4 beschrieben, herstellen, allerdings beim dritten Dehnen und Falten in Schritt 4 den Teig auf einer mit Wasser befeuchteten Arbeitsfläche durch Dehnen großflächig ausbreiten und zwei Drittel der Preiselbeermischung auf einer Hälfte der Teigschicht verteilen. Die unbelegte Hälfte über die belegte klappen, sodass die Teigplatte nur noch halb so groß ist. Wieder eine Teighälfte mit der Hälfte der übrigen Preiselbeermischung bestreichen, erneut in der Mitte umklappen und mit dem Rest bestreichen. Nun den Teig der Länge nach einrollen und abgedeckt für die restliche Zeit reifen lassen.

❺–❻ Wie im Hauptrezept fortfahren.

TAG 2

❼–❿ Wie im Hauptrezept fortfahren.

MEIN TIPP Krosse Kruste und fluffige Krume: Genau so soll es sein. Ein Brot für alle Gelegenheiten, das aus unserem Alltag nicht mehr wegzudenken ist.

Jos Sauerteig-Hausbrot

ZUBEREITEN 25 Minuten **RUHEN** 26–34 Stunden **BACKEN** 40–50 Minuten

TAG 1
SAUERTEIG
ca. 22:00 Uhr ansetzen, 2 Minuten

TAG 2
HAUPTTEIG
ca. 12:00 Uhr kneten,
11–12 Minuten

DEHNEN UND FALTEN
ca. 12:45 Uhr, 1 Minute
ca. 13:15 Uhr, 1 Minute
ca. 13:45 Uhr, 1 Minute

FORMEN
ca. 16:15 Uhr rundwirken,
3 Minuten

TAG 3
OFEN
ca. 07:00 Uhr vorheizen
ca. 07:30 Uhr backen,
40–50 Minuten

ERGIBT 1 BROT

SAUERTEIG
5 g Anstellgut (siehe Seite 18)
40 g Wasser
40 g Dinkelvollkornmehl

HAUPTTEIG
520 g Weizenmehl Type 550 plus etwas zum Bemehlen
390 g Wasser
12 g Salz

AUSSERDEM
mit Semola rimacinata (Hartweizenmehl) bemehltes Gärkörbchen

vegan

TAG 1

❶ Für den Sauerteig am Abend Anstellgut, Wasser und Mehl in eine Schüssel geben, mit einem Kochlöffel kräftig zu einem glatten Teig verrühren, locker abdecken und **12–14 Stunden** bei **Raumtemperatur** reifen lassen.

TAG 2

❷ Am nächsten Tag für den Hauptteig den Sauerteig in die Rührschüssel der Küchenmaschine geben, Mehl und Wasser hinzufügen und mit dem Knethaken auf langsamer Stufe **2 Minuten** kneten. Dann auf schneller Stufe **6 Minuten** verarbeiten. Das Salz dazugeben und weitere **3–4 Minuten** fertig kneten. (Alternativ **12–15 Minuten** per Hand kneten.)

❸ Die Schüssel abdecken und den Teig **4 Stunden** reifen lassen, dabei in den ersten **90 Minuten** dreimal dehnen und falten (siehe Seite 23). Nach der Reifezeit sollte sich das Teigvolumen verdoppelt haben. Ansonsten länger ruhen lassen.

❹ Den Teig auf der leicht bemehlten Arbeitsfläche von allen Seiten zur Mitte einschlagen, dabei in einer rotierenden Bewegung zum Körper ziehen, um Spannung aufzubauen, und zu einem runden Laib formen. Mit der Naht nach oben in das bemehlte Gärkörbchen geben und über Nacht **10–16 Stunden** im Kühlschrank reifen lassen.

TAG 3

❺ Am nächsten Morgen den Backofen gut auf **250 °C** Ober-/Unterhitze vorheizen.

❻ Den Teigling vorsichtig auf ein mit Backpapier ausgelegtes Backblech stürzen und mit einem scharfen Messer einmal einschneiden.

❼ In den vorgeheizten Ofen auf die unterste Schiene geben, die Temperatur direkt auf **200 °C** reduzieren und mit Dampf (siehe Seite 31) **40–50 Minuten** backen, dabei nach 15 Minuten durch Öffnen der Ofentür den Dampf ablassen, die Temperatur auf **230 °C** erhöhen und bis zur gewünschten Bräunung fertig backen.

❽ Herausnehmen und auf einem Küchengitter abkühlen lassen.

BACKEN IM TOPF Falls im ofenfesten (am besten gusseisernen) Topf gebacken werden soll, diesen im Backofen mit vorheizen. Den Teigling vorsichtig auf Backpapier stürzen, mit dem Papier in den heißen Topf geben, den Deckel aufsetzen und wie angegeben ohne Dampf backen und einfach den Deckel abnehmen, statt den Dampf abzulassen.

TAG 1
GRUNDSAUERTEIG
ca. 22:00 Uhr ansetzen, 2 Minuten

TAG 2
VOLLSAUERTEIG
ca. 10:00 Uhr mischen, 2 Minuten

HAUPTTEIG
ca. 13:30 Uhr kneten, 5 Minuten

FORMEN
ca. 15:00 Uhr langwirken, 5 Minuten

TAG 3
OFEN
ca. 07:00 Uhr vorheizen
ca. 07:30 Uhr backen, 50 Minuten

ERGIBT 2 BROTE

GRUNDSAUERTEIG
100 g Roggenmehl Type 1150
10 g Anstellgut (siehe Seite 18)
70 g Wasser

VOLLSAUERTEIG
200 g Roggenmehl Type 1150
230 g Wasser

HAUPTTEIG
400 g Roggenmehl Type 1150 plus etwas zum Bemehlen
300 g Weizenmehl Type 550
380 g Wasser (30 °C)
20 g Salz
10 g gemahlenes Brotgewürz (nach Belieben)

AUSSERDEM
2 mit Semola rimacinata (Hartweizenmehl) bemehlte Gärkörbchen

vegan

Rogg 'n' Roll – Roggenmischbrot

ZUBEREITEN 20 Minuten **RUHEN** 33 ½ Stunden **BACKEN** 50 Minuten

TAG 1

❶ Für den Grundsauerteig am Abend alle Zutaten in eine große Schüssel geben, mit einem Kochlöffel zu einem festen Teig verrühren, abdecken und **12 Stunden** bei **23 °C** gehen lassen.

TAG 2

❷ Am nächsten Morgen für den Vollsauerteig Mehl und Wasser zum Grundsauerteig geben, mit dem Kochlöffel verrühren, abdecken und **3 ½ Stunden** bei **30 °C** (siehe Tipp) gehen lassen, bis sich das Teigvolumen verdoppelt hat und die Oberfläche sich nach oben wölbt.

❸ Für den Hauptteig alle Zutaten zum Vollsauerteig in die Schüssel geben und von Hand gut mischen, bis keine Mehlnester mehr vorhanden sind (das dauert etwa **5 Minuten).**

❹ Die Schüssel abdecken. Den Teig **60 Minuten** bei **Raumtemperatur** gehen lassen.

❺ Den Teig auf einer leicht bemehlten Arbeitsfläche halbieren, zu Rechtecken ziehen, die kurzen Seiten jeweils zur Mitte überlappend einschlagen und jeweils straff von der langen Seite aufrollen, um Spannung aufzubauen. Dann zu zwei länglichen Laiben formen, mit Mehl bestäuben und mit der Naht nach oben in die bemehlten Gärkörbchen setzen.

❻ Abdecken und im Kühlschrank **17 Stunden** reifen lassen. Gegen Ende der Ruhezeit sollten sich auf der Teigoberfläche einige Risse gebildet haben.

TAG 3

❼ Am nächsten Morgen den Backofen gut auf **250 °C** Ober-/Unterhitze vorheizen, dabei ein mit Backpapier ausgelegtes Backblech auf die unterste Schiene mit hineingeben.

❽ Die Teiglinge vorsichtig auf das heiße Backblech im vorgeheizten Ofen stürzen, nach **30 Sekunden** für Dampf sorgen (siehe Seite 31) und **50 Minuten** backen, dabei nach **10 Minuten** den Dampf durch Öffnen der Ofentür entweichen lassen, die Temperatur auf **180 °C** reduzieren und fertig backen.

❾ Herausnehmen und auf einem Küchengitter abkühlen lassen.

MEIN TIPP Eine Temperatur von 30 °C erreichst du zum Beispiel, wenn du die Backofenlampe einschaltest. Das reicht, um den Ofen leicht zu erwärmen.

Oh ja, es ist Zeit für Kartoffelbrot! Immer wieder gern als Abwechslung auf dem Abendbrottisch – das saftige Brot mit dem einmaligen Kartoffelaroma mögen einfach alle. Und das Beste: Dieses Brot erreicht ohne Probleme 5 Tage Frischhaltung, ohne Einbußen im Geschmack.

Dinkel-Kartoffel-Brot

ZUBEREITEN 30 Minuten **GAREN** 20–30 Minuten **RUHEN** 25–33 Stunden **BACKEN** 40–50 Minuten

TAG 1
SAUERTEIG
ca. 22:30 Uhr ansetzen, 2 Minuten

TAG 2
HAUPTTEIG
ca. 10:30 Uhr Kartoffeln zubereiten, 30–40 Minuten
ca. 12:30 Uhr kneten, 6–8 Minuten

DEHNEN UND FALTEN
ca. 13:15 Uhr, 1 Minute
ca. 13:45 Uhr, 1 Minute
ca. 14:45 Uhr, 1 Minute

FORMEN
ca. 19:30 Uhr langwirken, 5 Minuten

TAG 3
OFEN
ca. 07:00 Uhr vorheizen
ca. 07:30 Uhr backen, 40–50 Minuten

ERGIBT 1 BROT

SAUERTEIG
5 g Anstellgut (siehe Seite 18)
40 g handwarmes Wasser
40 g Weizenmehl Type 550

HAUPTTEIG
380 g vorwiegend festkochende Kartoffeln
410 g Dinkelmehl Type 1050 plus etwas zum Bemehlen
10 g Salz
50–100 g Wasser

AUSSERDEM
mit Semola rimacinata (Hartweizenmehl) bemehltes Gärkörbchen

vegan

TAG 1

❶ Für den Sauerteig am Abend alle Zutaten in eine Schüssel geben, mit einem Kochlöffel gut verrühren, locker abdecken und **12–14 Stunden** bei **Raumtemperatur** reifen lassen.

TAG 2

❷ Am nächsten Tag für den Hauptteig die Kartoffeln waschen, in einen Topf geben, knapp mit Wasser bedecken, zum Kochen bringen und je nach Größe **20–30 Minuten** gar kochen. Abgießen, kalt abschrecken, noch heiß pellen, durch eine Kartoffelpresse drücken oder zerstampfen und zum Abkühlen beiseitestellen.

❸ Erkaltetes Kartoffelpüree in die Rührschüssel der Küchenmaschine geben. Sauerteig und Mehl hinzufügen und mit dem Knethaken auf langsamer Stufe **4–5 Minuten** kneten, bis der Teig gebunden ist. Das Salz hinzugeben, bei mittlerer Geschwindigkeit **2–3 Minuten** weiterkneten, dabei das Wasser nach und nach in sehr kleinen Mengen hinzugießen und jeweils vollständig einarbeiten, bevor weiteres hinzukommt (Menge richtet sich nach dem Wassergehalt der Kartoffeln). (Alternativ **8–10 Minuten** per Hand kneten.)

❹ Die Schüssel abdecken und den Teig **5–7 Stunden** bei **Raumtemperatur** reifen lassen, dabei in den ersten **90 Minuten** mindestens dreimal dehnen und falten (siehe Seite 23).

❺ Den Teig vorsichtig auf eine leicht bemehlte Arbeitsfläche stürzen, zu einem Rechteck ziehen, die kurzen Seiten jeweils zur Mitte überlappend einschlagen und straff von der langen Seite aufrollen, um Spannung aufzubauen. Dann schonend zu einem länglichen Laib formen, mit der Naht nach oben in das bemehlte Gärkörbchen geben, abdecken und über Nacht **8–12 Stunden** im Kühlschrank ruhen lassen.

TAG 3

❻ Am nächsten Morgen den Backofen auf **250 °C** Ober-/Unterhitze vorheizen. Den Teigling vorsichtig auf ein mit Backpapier ausgelegtes Backblech stürzen und mehrmals schräg einschneiden.

❼ In den vorgeheizten Ofen auf die unterste Schiene schieben, die Temperatur direkt auf **210 °C** reduzieren und mit Dampf (siehe Seite 31) **40–50 Minuten** backen, dabei nach **15 Minuten** durch Öffnen der Ofentür den Dampf ablassen, die Temperatur auf **230 °C** erhöhen und zu einer schönen Bräunung fertig backen.

❽ Herausnehmen und auf einem Küchengitter abkühlen lassen.

MEIN TIPP Falls Stücke im Teig gewünscht sind, eine weitere gekochte Kartoffel klein schneiden und zum Schluss einkneten.

TAG 1
SAUERTEIG
ca. 22:00 Uhr ansetzen,
2 Minuten

TAG 2
HAUPTTEIG
ca. 18:00 Uhr kneten, 5 Minuten

FORMEN
ca. 19:00 Uhr rundwirken,
5 Minuten

TAG 3
OFEN UND GLANZSTREICHE
ca. 07:00 Uhr vorheizen
ca. 07:00 Uhr Glanzstreiche
kochen, bepinseln, 5 Minuten
ca. 07:30 Uhr backen,
55 Minuten

ERGIBT 1 BROT

SAUERTEIG
10 g Anstellgut (siehe Seite 18)
100 g Wasser (35–40 °C)
100 g Roggenmehl Type 1150

HAUPTTEIG
235 g Weizenmehl Type 1050
plus etwas zum Bemehlen
255 g Roggenmehl Type 1150
330 g Wasser
10 g inaktives Backmalz
11 g Salz

GLANZSTREICHE
1 TL Speisestärke
ca. 100 g Wasser

AUSSERDEM
mit Semola rimacinata (Hartweizenmehl) bemehltes Gärkörbchen

vegan

Oberländer

ZUBEREITEN 20 Minuten **RUHEN** 33–35 Stunden **BACKEN** 55 Minuten

TAG 1

❶ Für den Sauerteig am Abend alle Zutaten in eine Schüssel geben, mit einem Kochlöffel kräftig vermischen, locker abdecken und **20 Stunden** bei **Raumtemperatur** reifen lassen.

TAG 2

❷ Am nächsten Tag für den Hauptteig den Sauerteig in die Rührschüssel der Küchenmaschine geben, beide Mehle, Wasser, Backmalz und Salz hinzufügen und mit dem Knethaken auf langsamer Stufe **5 Minuten** zu einem festen, klebrigen Teig kneten (er soll so sein). (Alternativ die Zutaten mit einem Kochlöffel etwa **7 Minuten** per Hand verarbeiten.)

❸ Die Schüssel abdecken und den Teig **60 Minuten** bei **Raumtemperatur** gehen lassen.

❹ Den Teig auf einer leicht bemehlten Arbeitsfläche von allen Seiten zur Mitte einschlagen, dabei in einer rotierenden Bewegung zum Körper ziehen, um Spannung aufzubauen, und zu einem runden Laib formen.

❺ Den Teigling mit der Naht nach oben in das bemehlte Gärkörbchen geben, abdecken und über Nacht **12–14 Stunden** in den Kühlschrank stellen, das Teigvolumen sollte sich in der Zeit verdoppeln.

TAG 3

❻ Am nächsten Morgen den Backofen gut auf **250 °C** Ober-/Unterhitze vorheizen.

❼ Inzwischen für die Glanzstreiche die Speisestärke in sehr wenig von dem Wasser auflösen. Das restliche Wasser in einem kleinen Topf zum Kochen bringen, die aufgelöste Stärke einrühren, vom Herd nehmen und abkühlen lassen.

❽ Den Teigling vorsichtig auf ein mit Backpapier ausgelegtes Backblech stürzen, mit etwas Glanzstreiche bepinseln (den Rest aufbewahren) und den Laib „stippen“, das heißt, viele kleine Löcher, zum Beispiel mit einem Schaschlikspieß, in die Oberfläche einstechen, damit der Teigling beim Backen nicht aufreißt.

❾ In den vorgeheizten Ofen auf die unterste Schiene schieben und mit Dampf (siehe Seite 31) **55 Minuten** backen, dabei nach **10 Minuten** durch Öffnen der Ofentür den Dampf ablassen, die Temperatur auf **200 °C** reduzieren und fertig backen.

❿ Aus dem Ofen nehmen, das Brot direkt mit der restlichen Glanzstreiche bepinseln, um einen schönen Glanz zu erhalten, und auf einem Küchengitter abkühlen lassen.

MEIN TIPP Ein Klassiker aus meiner Wahlheimat, dem Rheinland, der seinen festen Platz in unserem Brottopf hat. Oberländer esse ich gern mit ganz schlichtem Aufstrich oder einfach nur Butter, um das eigene würzige Brotaroma zu genießen.

Kleingebäck

TAG 1
TEIG
ca. 17:00 Uhr kneten,
10–13 Minuten

FORMEN
ca. 17:15 Uhr rundwirken,
5 Minuten

TAG 2
OFEN UND PORTIONIEREN
ca. 07:00 Uhr vorheizen
ca. 07:00 Uhr Teiglinge abstechen,
3 Minuten
ca. 07:30 Uhr backen, 15 Minuten

ERGIBT 9 STÜCK
600 g Weizenvollkornmehl plus etwas zum Bemehlen
190 g Joghurt (3,5 % Fett)
240 g Wasser
5 g frische Hefe
15 g Sirup (oder Honig)
12 g Salz
Pflanzenöl zum Einfetten

vollwertig

Vollkorn-Joghurt-Brötchen

ZUBEREITEN 20 Minuten **RUHEN** 11–15 Stunden **BACKEN** 15 Minuten

TAG 1

❶ Mehl, Joghurt, Wasser, Hefe, Sirup und Salz in die Rührschüssel der Küchenmaschine geben und mit dem Knethaken bei langsamer Geschwindigkeit **2–3 Minuten** mischen, dann bei schneller Geschwindigkeit **8–10 Minuten** zu einem homogenen Teig kneten. (Alternativ **12–15 Minuten** per Hand kneten.)

❷ Den Teig auf der leicht bemehlten Arbeitsfläche von allen Seiten zur Mitte einschlagen, dabei in einer rotierenden Bewegung zum Körper ziehen, um Spannung aufzubauen, und zu einem runden Laib formen. Mit der Naht nach unten in eine leicht eingeölte Schüssel legen, abdecken und erst **3 Stunden** bei **Raumtemperatur,** dann über Nacht **8–12 Stunden** im Kühlschrank ruhen lassen.

TAG 2

❸ Am nächsten Morgen den Backofen gut auf **250 °C** Ober-/Unterhitze vorheizen.

❹ In der Zwischenzeit den Teig schonend auf eine leicht bemehlte Arbeitsfläche stürzen, vorsichtig zu einem Quadrat drücken, neun Teiglinge abstechen, auf ein mit Backpapier ausgelegtes Backblech setzen und ruhen lassen, bis die Ofentemperatur erreicht ist.

❺ Das Blech in den vorgeheizten Ofen auf die unterste Schiene schieben und mit Dampf (siehe Seite 31) **15 Minuten** backen.

❻ Herausnehmen und auf einem Küchengitter abkühlen lassen.

MEIN TIPP Eines meiner meistgeliebten Rezepte auf Social Media – hier in der Vollkornvariante.

New York lässt grüßen! Die traditionellen jüdischen Bagels sind einfach cool, lassen sich in allen Varianten belegen und zu jeder Tageszeit genießen.

Bagels

ZUBEREITEN 35 Minuten **ENTSPANNEN** 10 Minuten
RUHEN 10–14 Stunden **BACKEN** 16–18 Minuten

TAG 1
HAUPTTEIG
ca. 16:45 Uhr kneten, 13 Minuten

DEHNEN UND FALTEN
ca. 17:30 Uhr, 1 Minute
ca. 18:00 Uhr, 1 Minute

FORMEN
ca. 19:00 Uhr rundschleifen, 5 Minuten
ca. 19:15 Uhr Bagels formen, 10 Minuten

TAG 2
OFEN, WASSERBAD UND TOPPING
ca. 07:00 Uhr vorheizen
ca. 07:00 Uhr simmern, bestreuen, 10 Minuten
ca. 07:30 Uhr backen, 16–18 Minuten

ERGIBT 6 STÜCK

TEIG
250 g Weizenmehl Type 550 plus etwas zum Bemehlen
200 g Semola rimacinata (Hartweizenmehl) plus etwas zum Bemehlen
270 g Wasser
5 g frische Hefe
15 g Zuckerrübensirup
12 g Salz

WASSERBAD
1,5 l Wasser
30 g Zuckerrübensirup

TOPPING
nach Belieben: Sesamsaat, Mohnsaat, Kürbis- oder Sonnenblumenkerne, gehackte Nüsse etc. zum Bestreuen

vegan

TAG 1

1. Für den Teig beide Mehle, Wasser, Hefe und Sirup in die Rührschüssel der Küchenmaschine geben und mit dem Knethaken erst bei langsamer Geschwindigkeit **3 Minuten** vermischen, dann auf schneller Stufe **10 Minuten** kneten, dabei **2 Minuten** vor Ende der Knetzeit das Salz hinzugeben. (Alternativ etwa **15 Minuten** per Hand kneten.)
2. Die Schüssel abdecken oder den Teig in eine Gärbox umfüllen und **2 Stunden** bei **Raumtemperatur** reifen lassen, dabei im Abstand von **30 Minuten** zwei- bis dreimal dehnen und falten (siehe Seite 23).
3. Den Teig auf eine leicht bemehlte Arbeitsfläche geben, sechs gleich große Stücke (à etwa 120 g) abstechen und unter der hohlen Handfläche mit kreisender Bewegung und leichtem Druck zu Kugeln formen. Abdecken und **10 Minuten** entspannen lassen.
4. Mit einem Kochlöffelstiel ein Loch in die Mitte der Teigkugeln stechen und durch Dehnen oder Schwingen weiten. Das Loch sollte etwa doppelt so groß sein, wie es am Ende gewünscht ist, da der Teig noch aufgeht.
5. Ein Backblech locker mit einem Küchentuch auslegen, mit Semola bemehlen und die Teiglinge daraufsetzen. Mit einem zweiten Backblech abdecken und über Nacht **8–12 Stunden** in den Kühlschrank stellen.

TAG 2

6. Am nächsten Morgen den Backofen auf **220 °C** Umluft vorheizen.
7. Inzwischen für das Wasserbad Wasser und Sirup in einen großen Topf füllen, zum Simmern (nicht Kochen) bringen und die Teiglinge in zwei Durchgängen jeweils **60–90 Sekunden** darin garen, dabei nach der Hälfte der Zeit wenden.
8. Mit einem Schaumlöffel herausheben, auf ein mit Dauerbackfolie oder Backpapier ausgelegtes Backblech setzen und nach Belieben mit Toppings bestreuen oder pur lassen.
9. Das Blech in den vorgeheizten Ofen auf die mittlere Schiene schieben und **16–18 Minuten** ohne Dampf backen.
10. Herausnehmen und auf einem Küchengitter abkühlen lassen.

MEIN TIPP Teig sollte immer gut abgedeckt werden, da er sonst eine angetrocknete Haut bekommt. Ein Brett, eine Kunststoffhaube oder ein feuchtes Küchentuch eignen sich gut als Abdeckung.

TAG 1
TEIG
ca. 15:45 Uhr kneten,
12–14 Minuten

DEHNEN UND FALTEN
ca. 16:30 Uhr, 1 Minute
ca. 17:00 Uhr, 1 Minute

FORMEN
ca. 19:00 Uhr langwirken,
15 Minuten

TAG 2
OFEN
ca. 07:00 Uhr vorheizen
ca. 07:30 Uhr backen,
20–25 Minuten

ERGIBT 8 STÜCK
500 g Weizenmehl Type 550 plus etwas zum Bemehlen
290 g Wasser
5 g frische Hefe
10 g Olivenöl
10 g Salz
5 g Zuckerrübensirup (alternativ Honig oder Zucker)

vegan

VOLLKORNVARIANTE
450 g Weizenvollkornmehl
50 g Weizenmehl Type 550
310 g Wasser
10 g Olivenöl
10 g Salz
10 g Zuckerrübensirup
5 g frische Hefe

vegan, vollwertig

„Die Normalen“

Helle Frühstücksbrötchen

ZUBEREITEN 35 Minuten **RUHEN** 11–17 Stunden **BACKEN** 20–25 Minuten

TAG 1

❶ Alle Zutaten in die Rührschüssel der Küchenmaschine geben und mit dem Knethaken erst auf langsamer Stufe **8 Minuten,** dann auf mittlerer Stufe **4–6 Minuten** kneten, sodass ein glatter, fester Teig entsteht. (Alternativ **13–15 Minuten** per Hand kneten.)
❷ Die Schüssel abdecken und den Teig **3 Stunden** bei **Raumtemperatur** reifen lassen, dabei in den ersten **60 Minuten** zweimal dehnen und falten (siehe Seite 23).
❸ Den Teig auf einer leicht bemehlten Arbeitsfläche in acht gleich große Stücke (à etwa 100 g) teilen und mit dem Handballen flach drücken, die kurzen Seiten jeweils zur Mitte überlappend einschlagen und straff von der langen Seite aufrollen, um Spannung aufzubauen. Dann zu länglichen Brötchen formen.
❹ Die Teiglinge mit der Naht nach unten auf ein mit Backpapier ausgelegtes Backblech legen, mit einem zweiten Backblech abdecken und über Nacht **8–14 Stunden** im Kühlschrank reifen lassen.

TAG 2

❺ Am nächsten Morgen den Backofen gut auf **250 °C** Ober-/Unterhitze vorheizen.
❻ Die Teiglinge mit einem scharfen Messer längs einschneiden.
❼ Das Blech in den Ofen auf die unterste Schiene schieben, die Ofentemperatur direkt auf **220 °C** reduzieren und mit viel Dampf (siehe Seite 31) **20–25 Minuten** backen.
❽ Herausnehmen und auf einem Küchengitter abkühlen lassen.

VARIANTE

Vollkorn-Frühstücksbrötchen

❶–❽ Alle Zutaten wie im Hauptrezept verarbeiten und backen.

Baguette bringt immer ein besonderes Flair mit sich. Du kannst es klassisch schräg anschneiden als Beilage oder halbieren und als De-luxe-Sandwich belegen – für mich steckt da ein Hauch von Urlaub drin, da wir so oft mit belegten Baguettes an den Strand gewandert sind.

TAG 1
AUTOLYSETEIG
ca. 14:45 Uhr verrühren, 2 Minuten

HAUPTTEIG
ca. 15:45 Uhr kneten, 7–9 Minuten

DEHNEN UND FALTEN
ca. 16:30 Uhr, 1 Minute
ca. 17:00 Uhr, 1 Minute
ca. 17:30 Uhr, 1 Minute

FORMEN
ca. 19:00 Uhr langwirken, ca. 5 Minuten

TAG 2
OFEN
ca. 07:00 Uhr vorheizen
ca. 07:30 Uhr backen, 18–20 Minuten

ERGIBT 3 BAGUETTES

AUTOLYSETEIG
510 g Weizenmehl Type 550
330 g Wasser

HAUPTTEIG
5 g Hefe
12 g Salz
Weizenmehl Type 550 zum Bemehlen
Semola rimacinata (Hartweizenmehl) zum Bemehlen

vegan

Baguettes

ZUBEREITEN 20 Minuten **ENTSPANNEN** 10 Minuten
RUHEN 12–16 Stunden **BACKEN** 18–20 Minuten

TAG 1

❶ Für den Autolyseteig Mehl und Wasser in eine Schüssel geben, nur grob mit einem Kochlöffel vermischen und **60 Minuten** abgedeckt ruhen lassen.

❷ Für den Hauptteig den Autolyseteig in die Rührschüssel der Küchenmaschine geben, Hefe und Salz hinzufügen und mit dem Knethaken erst auf langsamer Stufe **2–3 Minuten,** dann auf der mittleren Stufe **5–6 Minuten** kneten.

❸ Die Schüssel abdecken und den Teig **3 Stunden** bei **Raumtemperatur** ruhen lassen, dabei in den ersten **90 Minuten** dreimal dehnen und falten (siehe Seite 23).

❹ Den Teig auf einer leicht bemehlten Arbeitsfläche in drei gleich große Stücke (à etwa 285 g) teilen und diese jeweils zu einem Rechteck leicht flach drücken. Dann von den kurzen Seiten jeweils zur Mitte überlappend einschlagen und straff von der langen Seite aufrollen, um Spannung aufzubauen. **10 Minuten** entspannen lassen, dann mit den Handflächen zu Baguettelänge ausrollen.

❺ Ein Küchentuch locker auf ein Backblech legen und mit Semola bemehlen. Die Teiglinge mit der Naht nach oben darauf platzieren und das Tuch zwischen den Teiglingen etwas hochziehen, damit sie sich nicht berühren. Mit einem zweiten Backblech abdecken und **8–12 Stunden** im Kühlschrank reifen lassen.

TAG 2

❻ Am nächsten Morgen den Backofen (am besten mit Backstahl oder Backstein) auf der untersten Schiene auf **250 °C** Ober-/Unterhitze vorheizen.

❼ Die Teiglinge mit den Nähten nach unten sehr schonend (am besten mithilfe eines Pizzaschiebers) auf ein mit Backpapier ausgelegtes Backblech legen und mit einem scharfen Messer jeweils dreimal sehr schräg einschneiden, dabei die Klinge im 45-Grad-Winkel halten, um eine kleine Lasche einzuschneiden.

❽ Das Backblech direkt auf den Backstahl oder Backstein (unterste Schiene) geben und mit viel Dampf (siehe Seite 31) **18–20 Minuten** backen. Nach **10 Minuten** durch Öffnen der Backofentür den Dampf ablassen, die Temperatur auf **230 °C** reduzieren und fertig backen.

❾ Herausnehmen und auf einem Küchengitter abkühlen lassen.

MEIN TIPP Es funktioniert auch ohne Backstahl oder Backstein, aber diese Baguettes gelingen damit besonders gut.

Toasties – English Muffins

ZUBEREITEN 25 Minuten **RUHEN** 10–14 Stunden
AUSBACKEN 20–25 Minuten

TAG 1
TEIG
ca. 17:45 Uhr kneten,
10–12 Minuten

FORMEN
ca. 20:00 Uhr rundschleifen,
10 Minuten

TAG 2
PFANNE
ca. 07:00 Uhr
Pfanne vorheizen
ca. 07:05 Uhr ausbacken,
20–25 Minuten

ERGIBT 12 STÜCK

430 g Weizenmehl Type 550
plus etwas zum Bemehlen
290 g Milch (3,5 % Fett)
5 g frische Hefe
9 g Salz
25 g Butter
20 g Zucker
Maisgrieß zum Wälzen
und Bestreuen

TAG 1

❶ Mehl, Milch, Hefe, Salz, Butter und Zucker in die Rührschüssel der Küchenmaschine geben und mit dem Knethaken **10–12 Minuten** zu einem glatten Teig kneten. (Alternativ **12–14 Minuten** per Hand kneten.)

❷ Die Schüssel abdecken oder den Teig in eine Gärbox füllen und **2 Stunden** bei **Raumtemperatur** reifen lassen, bis sich das Teigvolumen verdoppelt hat.

❸ Den Teig auf der leicht bemehlten Arbeitsfläche in zwölf gleich große Stücke (à etwa 65 g) teilen und unter der hohlen Handfläche mit kreisender Bewegung und leichtem Druck zu Kugeln formen.

❹ Ein feuchtes Küchentuch locker auf ein Backblech legen. Die Teigkugeln in Maisgrieß wälzen, auf das Blech legen und das Tuch zwischen ihnen etwas hochziehen, damit sie sich nicht berühren. Über Nacht **8–12 Stunden** im Kühlschrank reifen lassen.

TAG 2

❺ Am nächsten Morgen eine große Pfanne bei mittlerer Hitze heiß werden lassen.

❻ Die Teiglinge auf die leicht mit Maisgrieß bestreute Arbeitsfläche geben und gleichmäßig zur gewünschten Größe flach drücken (zum Beispiel mit der Unterseite eines Tellers oder einer Burgerpresse).

❼ Dann in der trockenen Pfanne portionsweise von jeder Seite **3–4 Minuten** ausbacken.

❽ Auf einem Küchengitter etwas abkühlen lassen. Frisch genießen.

MEIN TIPP Frisch genießen oder später noch mal kurz in den Toaster geben – warm sind die Toasties einfach am besten. Ein geniales „Gönn dir"-Gebäck für jede Tag- und Nachtzeit.

TAG 1
TEIG
ca. 17:45 Uhr kneten,
11–13 Minuten

FORMEN
ca. 20:00 Uhr rundschleifen,
10 Minuten

TOPPING
ca. 20:15 Uhr bestreuen,
5 Minuten

TAG 2
OFEN
ca. 07:00 Uhr vorheizen
ca. 07:30 Uhr backen,
20–25 Minuten

ERGIBT 20 STÜCK

TEIG
475 g Weizenmehl Type 550 plus etwas zum Bemehlen
100 g Dinkelvollkornmehl
380 g Wasser
5 g frische Hefe
15 g Butter
11 g Salz

TOPPING
nach Wahl: Mohnsaat, Sesamsaat, Kürbiskerne, Sonnenblumenkerne etc. und geriebener Käse zum Bestreuen

Lunchbox-Brötchen

ZUBEREITEN 30 Minuten **RUHEN** 10–14 Stunden
BACKEN 20–25 Minuten

TAG 1

❶ Für den Teig beide Mehle, Wasser und Hefe in die Rührschüssel der Küchenmaschine geben und mit dem Knethaken auf langsamer Stufe **8–10 Minuten** zu einem glatten Teig kneten. Dann Butter und Salz dazugeben und **3 Minuten** auf schneller Stufe einkneten. (Alternativ **13–15 Minuten** per Hand kneten.)
❷ Die Schüssel abdecken und den Teig **2 Stunden** bei **Raumtemperatur** reifen lassen.
❸ Den Teig auf eine leicht bemehlte Arbeitsfläche geben, 20 gleich große Stücke (à etwa 50 g) abstechen und unter der hohlen Handfläche mit kreisender Bewegung und leichtem Druck zu Kugeln formen.
❹ Die Toppings nach Wahl einzeln in Schalen geben und ein nasses, gefaltetes Küchentuch auf einen flachen Teller legen. Die Teigkugeln zum Befeuchten erst auf das Küchentuch tupfen (Fläche gegenüber der Naht) und anschließend beherzt in das jeweilige Topping drücken.
❺ Die Teiglinge (Topping oben) mit etwas Abstand auf ein mit Backpapier ausgelegtes Backblech setzen, mit einem zweiten Backblech abdecken und über Nacht **8–12 Stunden** im Kühlschrank ruhen lassen.

TAG 2

❻ Am nächsten Morgen den Backofen gut auf **250 °C** Ober-/Unterhitze vorheizen.
❼ Das Blech in den Ofen auf die unterste Schiene schieben, die Temperatur direkt auf **230 °C** reduzieren und mit Dampf (siehe Seite 31) **20–25 Minuten** backen.
❽ Herausnehmen und auf einem Küchengitter abkühlen lassen.

MEIN TIPP Wie der Name schon sagt: Die Lunchbox-Brötchen sehen viel von der Welt. Sie kommen mit in die Schule, zu Terminen, auf Tagesausflüge. Wenn auch ihre Reise oft nicht von Dauer ist, weil niemand lange die Finger von ihnen lassen kann …

TAG 1
BRÜHSTÜCK
ca. 18:00 Uhr herstellen, 2 Minuten

HAUPTTEIG
ca. 19:00 Uhr kneten, 6–8 Minuten

DEHNEN UND FALTEN
ca. 20:00 Uhr, 1 Minute
ca. 21:00 Uhr, 1 Minute

TAG 2
OFEN UND PORTIONIEREN
ca. 08:00 Uhr vorheizen
ca. 08:00 Uhr Teiglinge abstechen
ca. 09:00 Uhr backen, 20–22 Minuten

ERGIBT 8 STÜCK
BRÜHSTÜCK
30 g geschrotete Leinsamen
100 g kochendes Wasser
HAUPTTEIG
630 g Weizenvollkornmehl plus etwas zum Bemehlen
350 g Wasser
7 g Hefe
12 g Salz
12 g Olivenöl
200 g Saatenmix

vegan, vollwertig

Frühstücksecken mit Saaten

ZUBEREITEN 20 Minuten **RUHEN** 11–15 Stunden **BACKEN** 20–22 Minuten

TAG 1

❶ Für das Brühstück die geschroteten Leinsamen in eine Schale geben, mit dem kochenden Wasser übergießen, mit einem Kochlöffel gut verrühren und abgedeckt **60 Minuten** quellen lassen.
❷ Für den Hauptteig das Brühstück in die Rührschüssel der Küchenmaschine geben, Mehl, Wasser, Hefe, Salz, Öl und Saaten hinzufügen und mit dem Knethaken bei mittlerer Geschwindigkeit **6–8 Minuten** kneten. (Alternativ **8–10 Minuten** per Hand kneten.)
❸ Die Schüssel abdecken und den Teig bei **Raumtemperatur 2 Stunden** reifen lassen, dabei nach jeweils **60 Minuten** einmal dehnen und falten (siehe Seite 23).
❹ Den Teig in eine Gärbox oder Auflaufform mit Deckel legen, da er am nächsten Morgen nicht mehr geformt werden soll. In den Kühlschrank stellen und über Nacht **8–12 Stunden** reifen lassen.

TAG 2

❺ Am nächsten Morgen den Backofen gut auf **250 °C** Ober-/Unterhitze vorheizen.
❻ Inzwischen den Teig schonend auf eine leicht bemehlte Arbeitsfläche stürzen, vorsichtig zu einem Rechteck oder Kreis schieben und mit der Teigkarte acht Dreiecke abstechen. Auf ein mit Backpapier ausgelegtes Backblech legen und abgedeckt ruhen lassen, bis die Ofentemperatur erreicht ist.
❼ Teiglinge mit Wasser besprühen oder bestreichen, das Blech in den vorgeheizten Ofen (unterste Schiene) schieben, die Temperatur direkt auf **230 °C** reduzieren und mit viel Dampf **20–22 Minuten** (siehe Seite 31) bis zur gewünschten Bräune backen.
❽ Herausnehmen und auf einem Küchengitter abkühlen lassen.

MEIN TIPP Zwischen das helle Frühstücksgebäck gehören für mich auch immer ein paar gesündere Sattmacher. Die Saatenecken passen super zu Süßem und Herzhaftem und lassen sich ideal mitnehmen.

MEIN TIPP Wie du auch ohne Feinwaage kleine Hefemengen abmisst, findest du im Theorieteil (siehe Seite 15). Laugenkonfekt oder Partykonfekt ist genial für jede Art von Feier. Alle lieben es und mit den vielen Topping-Varianten wird es nie langweilig.

Laugenkonfekt

ZUBEREITEN 30 Minuten **RUHEN** 22–24 Stunden **BACKEN** 12–15 Minuten

TAG 1
TEIG
ca. 08:00 Uhr kneten,
10–14 Minuten

FORMEN
ca. 20:00 Uhr rollen, abstechen,
8 Minuten

TAG 2
OFEN, LAUGE UND TOPPING
ca. 07:00 Uhr vorheizen
ca. 07:00 Uhr in Lauge baden und bestreuen, 8 Minuten
ca. 07:30 Uhr backen,
12–15 Minuten

ERGIBT 22–24 STÜCK

TEIG
430 g Weizenmehl Type 550 plus etwas zum Bemehlen
150 g Milch (3,5 % Fett)
80 g Wasser
1 g frische Hefe
9 g Salz
35 g Butter
Semola rimacinata (Hartweizenmehl) zum Bemehlen

LAUGE
1 l Ätznatron (4-prozentig, Lebensmittelqualität; alternativ selbst gemachte Natronlauge (siehe Seite 35))

TOPPING
nach Belieben: Mohnsaat, Sesamsaat, Kürbiskerne, Sonnenblumenkerne etc. und geriebener Käse zum Bestreuen

TAG 1

❶ Für den Teig Mehl, Milch, Wasser, Hefe und Salz in die Rührschüssel der Küchenmaschine geben und mit dem Knethaken bei langsamer Geschwindigkeit **8–10 Minuten** zu einem elastischen Teig kneten. Die Butter zugeben und **2–4 Minuten** auf mittlerer Stufe einkneten. (Alternativ **12–15 Minuten** per Hand kneten.)

❷ Die Schüssel abdecken und den Teig **12 Stunden** bei **Raumtemperatur** reifen lassen, bis sich das Teigvolumen verdoppelt hat.

❸ Den Teig auf der leicht bemehlten Arbeitsfläche in drei gleich große Stücke (à 220 g) teilen und jeweils zu etwa 30 cm langen Strängen rollen. Von den Teigrollen 4 cm breite Stücke abstechen.

❹ Ein Küchentuch locker auf ein Backblech legen und mit Semola bemehlen. Die Teiglinge darauf platzieren und das Tuch zwischen ihnen etwas hochziehen, damit sie sich nicht berühren. Abdecken und über Nacht **8–12 Stunden** im Kühlschrank reifen lassen.

TAG 2

❺ Am nächsten Morgen den Backofen gut auf **220 °C** Ober-/Unterhitze vorheizen.

❻ Die Lauge (Hinweis beachten!) vorsichtig in eine Schüssel füllen, die Teiglinge mithilfe eines Schaumlöffels jeweils **2–3 Sekunden** in der Lauge baden und auf ein mit Dauerbackfolie ausgelegtes Backblech legen.

❼ Die Teiglinge nach Belieben mit den Toppings bestreuen.

❽ Das Blech in den vorgeheizten Ofen auf die unterste Schiene schieben und **12–15 Minuten** backen.

❾ Herausnehmen und auf einem Küchengitter abkühlen lassen.

HINWEIS Ätznatron sollte nicht mit der Haut in Berührung kommen. Falls doch, sofort unter fließendem Wasser abwaschen! Einen Kontakt mit den Augen unbedingt vermeiden! Als Schutzmaßnahme am besten Handschuhe und Schutzbrille tragen. Ätznatron kann man mindestens dreimal wiederverwenden. Zum Entsorgen stark mit Wasser verdünnt in den Abfluss geben. Vor Kindern sicher aufbewahren! Kein Backpapier verwenden, es könnte durch die Lauge zersetzt werden.

TAG 1
TEIG
ca. 18:00 Uhr kneten,
8 Minuten

FORMEN
ca. 21:00 Uhr langwirken,
10 Minuten

TAG 2
OFEN UND TOPPING
ca. 07:00 Uhr vorheizen
ca. 07:00 Uhr bestreichen
und bestreuen, 5 Minuten
ca. 07:30 Uhr backen,
18–20 Minuten

ERGIBT 12 STÜCK

TEIG

550 g Weizenmehl Type 550 plus etwas zum Bemehlen
300 g Wasser (alternativ Milch (3,5 % Fett))
50 g weiche Butter
10 g Salz
10 g Zucker
5 g frische Hefe
1 Ei (Größe M)

TOPPING

nach Belieben: Mohnsaat, Sesamsaat etc. zum Bestreuen
40 g zerlassene Butter zum Bestreichen

Helle holländische Brötchen – Bolletjes

ZUBEREITEN 25 Minuten **RUHEN** 11–15 Stunden **BACKEN** 18–20 Minuten

TAG 1

❶ Am Abend für den Teig alle Zutaten in die Rührschüssel der Küchenmaschine geben und mit dem Knethaken bei langsamer Geschwindigkeit **3 Minuten** kneten. Dann die Geschwindigkeit erhöhen und **5 Minuten** schnell kneten. (Alternativ etwa **10 Minuten** per Hand kneten.)

❷ Die Schüssel abdecken und den Teig **3 Stunden** bei **Raumtemperatur** gehen lassen.

❸ Den Teig auf eine leicht bemehlte Arbeitsfläche geben, zwölf gleich große Stücke (à etwa 80 g) abstechen, jeweils sanft flach drücken, von den Seiten zur Mitte überlappend einschlagen und straff von der langen Seite aufrollen, um Spannung aufzubauen. Dann länglich formen.

❹ Ein Küchentuch locker auf ein Backblech legen und mit Semola bemehlen. Die Teiglinge mit der Naht nach unten darauf platzieren und das Tuch zwischen ihnen etwas hochziehen, damit sie sich nicht berühren. Abdecken und über Nacht **8–12 Stunden** im Kühlschrank reifen lassen.

TAG 2

❺ Am nächsten Morgen den Backofen gut auf **250 °C** Ober-/Unterhitze vorheizen.

❻ Für das Topping die Teiglinge auf ein mit Backpapier ausgelegtes Backblech legen, mit Wasser bestreichen und nach Belieben mit Sesam oder Mohn bestreuen oder pur lassen.

❼ Das Blech in den vorgeheizten Ofen auf die unterste Schiene schieben. Mit Dampf **18–20 Minuten** (siehe Seite 31) backen, nach **10 Minuten** durch Öffnen der Ofentür den Dampf ablassen.

❽ Herausnehmen, die Brötchen mit etwas zerlassener Butter bestreichen und auf einem Küchengitter abkühlen lassen.

TAG 1
TEIG
ca. 17:45 Uhr kneten,
11–13 Minuten

FORMEN
ca. 20:00 Uhr rundschleifen,
15 Minuten

TAG 2
OFEN
ca. 07:00 Uhr vorheizen
ca. 07:30 Uhr backen,
20–25 Minuten

ERGIBT 8 STÜCK

TEIG
575 g Weizenmehl Type 550 plus etwas zum Bemehlen
380 g Wasser
5 g Hefe
15 g Butter
11 g Salz
Pflanzenöl zum Einfetten

TOPPING
nach Wahl: Mohnsaat, Sesamsaat, Kürbiskerne, Sonnenblumenkerne etc. und geriebener Käse zum Bestreuen

AUSSERDEM
runde Backform (Ø ca. 28 cm) oder Schmortopf

Brötchensonne

ZUBEREITEN 30 Minuten **RUHEN** 10–14 Stunden
BACKEN 20–25 Minuten

TAG 1

❶ Für den Teig Mehl, Wasser und Hefe in die Schüssel der Küchenmaschine geben und mit dem Knethaken bei langsamer Geschwindigkeit **8–10 Minuten** zu einem glatten Teig kneten. Dann Butter und Salz hinzugeben und auf schneller Stufe noch **3 Minuten** kneten. (Alternativ **13–15 Minuten** per Hand kneten.)

❷ Die Schüssel abdecken und den Teig **2 Stunden** bei **Raumtemperatur** reifen lassen.

❸ Den Teig auf eine leicht bemehlte Arbeitsfläche geben, acht gleich große Stücke (à etwa 120 g) abstechen und unter der hohlen Handfläche mit kreisender Bewegung und leichtem Druck zu Kugeln formen.

❹ Die Toppings nach Wahl einzeln in Schalen geben und ein nasses, gefaltetes Küchentuch auf einen flachen Teller legen. Die Teigkugeln zum Befeuchten erst auf das Küchentuch tupfen (Fläche gegenüber der Naht) und anschließend beherzt in das jeweilige Topping drücken.

❺ Die Backform oder den Schmortopf mit Öl einfetten, die Teiglinge (Topping oben) an den Rand der Form setzen, mit einem feuchten Küchentuch abdecken und über Nacht **8–12 Stunden** im Kühlschrank ruhen lassen.

TAG 2

❻ Am nächsten Morgen den Backofen gut auf **250 °C** Ober-/Unterhitze vorheizen.

❼ Die Form in den vorgeheizten Ofen auf die unterste Schiene geben, die Temperatur direkt auf **230 °C** reduzieren und mit Dampf (siehe Seite 31) **20–25 Minuten** backen.

❽ Herausnehmen und auf einem Küchengitter abkühlen lassen. Erst danach aus der Form lösen.

MEIN TIPP Ein Mitbringsel, das immer viele Ahs und Ohs erntet. Sieht eben toll aus und schmeckt auch so!

Brioche-Burger-Buns mit Sauerteig

Burger in allen Varianten sind immer wieder ein Highlight – beim Grillen im Sommer, mit Besuch oder einfach als besonderes Familienabendessen. Und falls mal etwas übrig bleiben sollte, gibt es sie am nächsten Morgen mit etwas Marmelade.

REZEPTE SIEHE SEITEN 112–113

Brioche-Burger-Buns mit Hefe

Brioche-Burger-Buns

mit Sauerteig

ZUBEREITEN ca. 35 Minuten **RUHEN** mind. 26–36 Stunden
BACKEN 40 Minuten

TAG 1
SAUERTEIG
ca. 21:00 Uhr ansetzen, 2 Minuten

TAG 2
HAUPTTEIG
ca. 11:00 Uhr verquirlen und kneten, 18–20 Minuten

FORMEN
ca. 17:00 Uhr rundschleifen, 10 Minuten

EISTREICHE
ca. 17:10 Uhr bestreichen, 3 Minuten

TAG 3
OFEN, EISTREICHE UND TOPPING
ca. 07:00 Uhr vorheizen
ca. 07:00 Uhr bestreichen und bestreuen, 1 Minute
ca. 07:30 Uhr backen, 40 Minuten

ERGIBT 12 STÜCK

SÜSSER SAUERTEIG
7 g Anstellgut (siehe Seite 18)
70 g Weizenmehl Type 550
70 g handwarmes Wasser
25 g Zucker

HAUPTTEIG
170 g Ei (ca. 3 Eier (Größe M))
170 g Milch (3,5 % Fett)
560 g Weizenmehl Type 550 plus etwas zum Bemehlen
50 g Zucker
8 g Vanillezucker
12 g Salz
175 g kalte Butter

EISTREICHE UND TOPPING
1 Ei (Größe M)
1 EL Milch (3,5 % Fett)
1 Prise Salz
Sesamsaat zum Bestreuen (nach Belieben)

TAG 1

❶ Für den süßen Sauerteig am Abend alle Zutaten in eine Schüssel geben, kräftig mit einem Kochlöffel verrühren und abgedeckt über Nacht **12–14 Stunden** reifen lassen.

TAG 2

❷ Für den Hauptteig 100 g süßen Sauerteig in die Rührschüssel der Küchenmaschine geben, Ei und Milch hinzufügen und zunächst mit dem Handschneebesen verquirlen. Mehl, Zucker und Vanillezucker dazugeben und mit dem Knethaken erst **3 Minuten** auf langsamer Stufe, dann **10 Minuten** auf mittlerer Stufe kneten.

❸ Das Salz einstreuen und nach und nach die Butter in Stücken zum Teig geben und kneten, bis sie vollständig eingearbeitet ist. Das dauert **5–7 Minuten.**

❹ Die Schüssel abdecken und den Teig bei **Raumtemperatur** etwa **6 Stunden** bei **22–23 °C** (oder **9 Stunden** bei **19–20 °C)** gehen lassen, bis sich das Teigvolumen mindestens verdoppelt hat.

❺ Den Teig auf die leicht bemehlte Arbeitsfläche geben, in zwölf gleich große Stücke (à etwa 100 g) teilen und unter der hohlen Handfläche mit kreisender Bewegung und leichtem Druck zu Kugeln formen. Mit der Naht nach unten auf ein mit Backpapier ausgelegtes Backblech setzen.

❻ Für die Eistreiche Ei, Milch und Salz verrühren, die Teiglinge mit etwa der Hälfte davon bestreichen, mit einem zweiten Blech abdecken und über Nacht **8–16 Stunden** im Kühlschrank reifen lassen. Die restliche Eistreiche abgedeckt mit in den Kühlschrank stellen.

TAG 3

❼ Am nächsten Morgen den Backofen gut auf **220 °C** Ober-/Unterhitze vorheizen.

❽ Inzwischen die Teiglinge mit der restlichen Eistreiche bepinseln, nach Belieben mit Sesam bestreuen und noch etwas ruhen lassen.

❾ In den vorgeheizten Ofen auf die unterste Schiene geben, die Temperatur direkt auf **180 °C** reduzieren und **40 Minuten** backen.

❿ Herausnehmen und auf einem Küchengitter abkühlen lassen.

MEIN TIPP Den restlichen süßen Sauerteig kannst du im Kühlschrank aufbewahren und als Anstellgut weiterverwenden (siehe Seite 20). Was übrigens sehr lecker ist: Die Buns aufschneiden und mit den Schnittflächen nach unten in einer Pfanne in etwas Butter anrösten.

TAG 1
POOLISH
ca. 21:00 Uhr ansetzen, 2 Minuten

TAG 2
HAUPTTEIG
ca. 11:00 Uhr verquirlen und kneten, 18–20 Minuten

FORMEN
ca. 17:00 Uhr rundschleifen, 10 Minuten

EISTREICHE
ca. 17:10 Uhr bestreichen, 3 Minuten

TAG 3
OFEN, EISTREICHE UND TOPPING
ca. 07:00 Uhr vorheizen
ca. 07:00 Uhr bestreichen und bestreuen, 1 Minute
ca. 07:30 Uhr backen, 40 Minuten

ERGIBT 12 STÜCK

SÜSSER POOLISH
70 g Weizenmehl Type 550
70 g Wasser
0,1 g frische Hefe
25 g Zucker

HAUPTTEIG
170 g Ei (ca. 3 Eier (Größe M))
170 g Milch (3,5 % Fett)
560 g Weizenmehl Type 550 plus etwas zum Bemehlen
50 g Zucker
8 g Vanillezucker
12 g Salz
175 g kalte Butter

EISTREICHE UND TOPPING
1 Ei (Größe M)
1 EL Milch (3,5 % Fett)
1 Prise Salz
Sesamsaat zum Bestreuen (nach Belieben)

mit Hefe

ZUBEREITEN ca. 35 Minuten **RUHEN** mind. 26–36 Stunden
BACKEN 40 Minuten

TAG 1

❶ Für den süßen Poolish am Abend alle Zutaten in eine Schüssel geben, kräftig mit einem Kochlöffel verrühren und abgedeckt über Nacht **12–14 Stunden** reifen lassen.

TAG 2

❷ Für den Hauptteig den süßen Poolish in die Rührschüssel der Küchenmaschine geben, Ei und Milch hinzufügen und zunächst mit dem Handschneebesen verquirlen. Mehl, Zucker und Vanillezucker dazugeben und mit dem Knethaken erst **3 Minuten** auf langsamer Stufe, dann **10 Minuten** auf mittlerer Stufe kneten.

❸ Das Salz einstreuen und nach und nach die Butter in Stücken zum Teig geben und kneten, bis sie vollständig eingearbeitet ist. Das dauert **5–7 Minuten.**

❹ Die Schüssel abdecken und den Teig bei **Raumtemperatur** etwa **6 Stunden** bei **22–23 °C** (oder **9 Stunden** bei **19–20 °C)** gehen lassen, bis sich das Teigvolumen mindestens verdoppelt hat.

❺ Den Teig auf einer leicht bemehlten Arbeitsfläche in zwölf gleich große Stücke (à etwa 100 g) teilen und unter der hohlen Handfläche mit kreisender Bewegung und leichtem Druck zu Kugeln formen. Mit der Naht nach unten auf ein mit Backpapier ausgelegtes Backblech setzen.

❻ Für die Eistreiche Ei, Milch und Salz verrühren, die Teiglinge mit etwa der Hälfte davon bestreichen, mit einem zweiten Blech abdecken und über Nacht **8–16 Stunden** im Kühlschrank reifen lassen. Die restliche Eistreiche abgedeckt mit in den Kühlschrank stellen.

TAG 3

❼ Am nächsten Morgen den Backofen gut auf **220 °C** Ober-/Unterhitze vorheizen.

❽ Inzwischen die Teiglinge mit der restlichen Eistreiche bepinseln, nach Belieben mit Sesam bestreuen und noch etwas ruhen lassen.

❾ In den vorgeheizten Ofen auf die unterste Schiene geben, die Temperatur direkt auf **180 °C** reduzieren und **40 Minuten** backen.

❿ Herausnehmen und auf einem Küchengitter abkühlen lassen.

MEIN TIPP Wie du ohne Feinwaage kleine Hefemengen abmisst, findest du im Theorieteil (siehe Seite 15). Perfekt für Burger: Die Buns aufschneiden und mit den Schnittflächen nach unten in einer Pfanne in etwas Butter anrösten.

TAG 1
SAUERTEIG
ca. 22:00 Uhr ansetzen, 2 Minuten

TAG 2
HAUPTTEIG
ca. 12:00 Uhr kneten, 10–14 Minuten

FORMEN
ca. 19:30 Uhr rundschleifen, 8 Minuten

TAG 3
OFEN, LAUGE UND TOPPING
ca. 07:00 Uhr vorheizen
ca. 07:00 Uhr in Lauge baden und bestreuen, 5 Minuten
ca. 07:30 Uhr backen, 20–22 Minuten

ERGIBT 9 STÜCK

SAUERTEIG
6 g Anstellgut (siehe Seite 18)
60 g Wasser
60 g Weizenmehl Type 550

HAUPTTEIG
370 g Weizenmehl Type 550 plus etwas zum Bemehlen
170 g Milch (3,5 % Fett)
9 g Salz
35 g weiche Butter
Semola rimacinata (Hartweizenmehl) zum Bemehlen

LAUGE UND TOPPING
1 l Ätznatron (4-prozentig, Lebensmittelqualität; alternativ selbst gemachte Natronlauge (siehe Seite 35))
Hagelsalz zum Bestreuen

Laugenbrötchen mit Sauerteig

ZUBEREITEN 30 Minuten **RUHEN** 24–34 Stunden **BACKEN** 20–22 Minuten

TAG 1

❶ Für den Sauerteig das Anstellgut mit dem Wasser in eine Schüssel geben und auflösen, dann das Mehl hinzufügen und mit einem Kochlöffel kräftig verrühren. Abdecken und **12–14 Stunden** reifen lassen.

TAG 2

❷ Für den Hauptteig den Sauerteig in die Rührschüssel der Küchenmaschine geben, Mehl, Milch und Salz hinzufügen und mit dem Knethaken bei langsamer Geschwindigkeit **8–10 Minuten** kneten. Die Butter dazugeben und bei mittlerer Stufe **2–4 Minuten** einkneten. Der Teig ist verhältnismäßig fest, aber er sollte schön geschmeidig sein. (Alternativ **12–15 Minuten** per Hand kneten.)

❸ Die Schüssel abdecken und den Teig **6–8 Stunden** bei **Raumtemperatur** reifen lassen, bis sich das Teigvolumen verdoppelt hat.

❹ Den Teig auf einer leicht bemehlten Arbeitsfläche in neun gleich große Stücke (à 75–80 g) teilen und unter der hohlen Handfläche mit kreisender Bewegung und leichtem Druck zu Kugeln formen. Ein Küchentuch locker auf ein Backblech legen und mit Semola bemehlen. Die Teigkugeln mit der Naht nach unten darauf platzieren und das Tuch zwischen ihnen etwas hochziehen, damit sie sich nicht berühren.

❺ Ohne Abdeckung über Nacht **8–12 Stunden** im Kühlschrank reifen lassen. Dabei wird sich eine Haut auf dem Teig bilden, die später für das Laugenbad wichtig ist.

TAG 3

❻ Am nächsten Morgen den Backofen gut auf **230 °C** Ober-/Unterhitze vorheizen.

❼ Die Lauge (Hinweis beachten!) vorsichtig in eine Schüssel füllen, die Teiglinge mithilfe eines Schaumlöffels jeweils **2–3 Sekunden** pro Seite in der Lauge baden und auf ein mit Dauerbackfolie ausgelegtes Backblech legen.

❽ Jeweils ein Kreuz einschneiden und mit Hagelsalz bestreuen.

❾ Das Blech in den vorgeheizten Ofen auf die unterste Schiene schieben und **20–22 Minuten** backen.

❿ Herausnehmen und auf einem Küchengitter abkühlen lassen.

HINWEIS Ätznatron sollte nicht mit der Haut in Berührung kommen. Falls doch, sofort unter fließendem Wasser abwaschen! Kontakt mit den Augen unbedingt vermeiden! Als Schutzmaßnahme am besten Handschuhe und Schutzbrille tragen. Ätznatron kann man mindestens dreimal wiederverwenden. Zum Entsorgen stark mit Wasser verdünnt in den Abfluss geben. Vor Kindern sicher aufbewahren! Kein Backpapier verwenden, es könnte durch die Lauge zersetzt werden.

MEIN TIPP Emmer ist wie Dinkel eine ursprüngliche Weizenform, die über die Jahrtausende kaum verändert wurde. Er ist eiweiß- und mineralstoffreich mit einem herzhaften, leicht nussigen Geschmack.

TAG 1
TEIG
ca. 16:45 Uhr mischen, 2 Minuten
ca. 17:15 Uhr kneten, 8–9 Minuten

DEHNEN UND FALTEN
ca. 18:30 Uhr, 1 Minute
ca. 19:30 Uhr, 1 Minute

FORMEN
ca. 20:00 Uhr langwirken, 8 Minuten

TAG 2
OFEN UND TOPPING
ca. 07:00 Uhr vorheizen
ca. 07:00 Uhr bestreichen und bestreuen, 3 Minuten
ca. 07:30 Uhr backen, 15–18 Minuten

ERGIBT 9 STÜCK

TEIG
300 g Emmermehl Type 630 plus etwas zum Bemehlen
150 g Weizenmehl Type 550
300 g Wasser
3 g Hefe
13 g Salz
Semola rimacinata (Hartweizenmehl) zum Bemehlen

TOPPING
nach Belieben: Sesamsaat oder Mohnsaat zum Bestreuen

vegan

Emmer-Brötchen mit Sesam

ZUBEREITEN 25 Minuten **RUHEN** 11–15 Stunden **BACKEN** 15–18 Minuten

TAG 1

❶ Für den Teig beide Mehle, Wasser und Hefe in eine Schüssel geben, mit einem Kochlöffel grob mischen, abdecken und bei **Raumtemperatur 30 Minuten** ruhen lassen.

❷ Den Teig in die Rührschüssel der Küchenmaschine geben, das Salz hinzufügen und mit dem Knethaken bei mittlerer Geschwindigkeit **8–9 Minuten** kneten, bis er glänzt und sehr dehnbar wird. (Alternativ etwa **10 Minuten** per Hand kneten.)

❸ Die Schüssel abdecken und den Teig **2 ½ Stunden** bei **Raumtemperatur** gehen lassen, dabei in den ersten **2 Stunden** zweimal dehnen und falten (siehe Seite 23).

❹ Den Teig auf einer leicht bemehlten Arbeitsfläche in neun gleich große Stücke (à etwa 85 g) teilen, zu Rechtecken flach drücken, die kurzen Seiten jeweils zur Mitte überlappend einschlagen und straff von der langen Seite aufrollen, um Spannung aufzubauen. Dann zu länglichen Teiglingen formen.

❺ Ein Küchentuch locker auf ein Backblech legen und mit Semola bemehlen. Die Teiglinge mit der Naht nach unten darauf platzieren und das Tuch zwischen ihnen etwas hochziehen, damit sie sich nicht berühren. Abdecken und im Kühlschrank über Nacht **8–12 Stunden** ruhen lassen.

TAG 2

❻ Am nächsten Morgen den Backofen gut auf **250 °C** Ober-/Unterhitze vorheizen.

❼ Die Teiglinge auf ein mit Backpapier ausgelegtes Backblech legen und mit einem scharfen Messer einmal längs einschneiden.

❽ Für das Topping mit Wasser besprühen oder bestreichen und nach Belieben mit Sesam oder Mohn bestreuen.

❾ Das Blech in den vorgeheizten Ofen auf die unterste Schiene schieben und mit viel Dampf (siehe Seite 31) **15–18 Minuten** backen, dabei nach **10 Minuten** durch Öffnen der Ofentür den Dampf ablassen, die Temperatur auf **230 °C** reduzieren und bis zur gewünschten Bräune backen.

❿ Herausnehmen und auf einem Küchengitter abkühlen lassen.

TAG 1
KÜRBISPÜREE
ca. 15:00 Uhr zubereiten, ca. 20 Minuten

TEIG
ca. 17:15 Uhr kneten, 10–12 Minuten

DEHNEN UND FALTEN
ca. 18:30 Uhr, 1 Minute
ca. 19:30 Uhr, 1 Minute

FORMEN
ca. 20:00 Uhr rundschleifen und umbinden, 15 Minuten

TAG 2
OFEN
ca. 07:00 Uhr vorheizen
ca. 07:30 Uhr backen, 15–18 Minuten

ERGIBT 9 STÜCK
KÜRBISPÜREE
250–300 g Hokkaido-Fruchtfleisch
50 g Wasser
TEIG
400 g Weizenmehl Type 550 plus etwas zum Bemehlen
100 g Weizenmehl Type 1050
50–150 g Wasser
3 g frische Hefe
12 g Salz
Semola rimacinata (Hartweizenmehl) zum Bemehlen
AUSSERDEM
Küchengarn

vegan

Minikürbisbrötchen

ZUBEREITEN 35 Minuten **KOCHEN** ca. 15 Minuten
RUHEN 10 ½–14 ½ Stunden **BACKEN** 15–18 Minuten

TAG 1

❶ Für das Kürbispüree den Kürbis waschen und in Stücke schneiden. In einen Topf geben, das Wasser zugießen, aufkochen und etwa **15 Minuten** weich dünsten. Falls nötig, abgießen, dann in einen Mixbecher geben, mit dem Stabmixer pürieren und vollständig auskühlen lassen.
❷ Für den Teig 250 g Kürbispüree in die Rührschüssel der Küchenmaschine geben, beide Mehle, 50 g Wasser, Hefe und Salz zugeben und mit dem Knethaken bei mittlerer Geschwindigkeit **10–12 Minuten** zu einem glatten Teig kneten, dabei je nach Püreekonsistenz eventuell mehr Wasser zufügen. (Alternativ **12–14 Minuten** per Hand kneten.)
❸ Die Schüssel abdecken und den Teig **2 ½ Stunden** bei **Raumtemperatur** ruhen lassen, dabei in den ersten **2 Stunden** zweimal dehnen und falten (siehe Seite 23).
❹ Den Teig auf einer leicht bemehlten Arbeitsfläche in neun gleich große Stücke (à etwa 95 g) teilen und unter der hohlen Handfläche mit kreisender Bewegung und leichtem Druck zu Kugeln formen.
❺ Die Teigkugeln (Naht unten) mit je drei Fäden Küchengarn umbinden – die Garnfäden sollten ohne Spannung, aber eng an den Teiglingen anliegen, sie verleihen ihnen später die typische Kürbisform.
❻ Ein Küchentuch locker auf ein Backblech legen und mit Semola bemehlen. Die Teiglinge (Garnknoten oben) darauf platzieren und das Tuch zwischen ihnen etwas hochziehen, damit sie sich nicht berühren. Abdecken und im Kühlschrank über Nacht **8–12 Stunden** ruhen lassen.

TAG 2

❼ Am nächsten Morgen den Backofen gut auf **250 °C** Ober-/Unterhitze vorheizen.
❽ Die Teiglinge auf ein mit Backpapier ausgelegtes Backblech legen, in den vorgeheizten Ofen auf die unterste Schiene schieben und mit viel Dampf (siehe Seite 31) **15–18 Minuten** backen. Nach **10 Minuten** durch Öffnen der Ofentür den Dampf ablassen, die Temperatur auf **230 °C** reduzieren und bis zur gewünschten Bräune backen.
❾ Herausnehmen und auf einem Küchengitter abkühlen lassen.

MEINE TIPPS Statt den Kürbis selbst zu kochen, kannst du natürlich auch Kürbispüree aus dem Glas nehmen. Nicht nur für Halloween-Partys eine Augenweide, auch den Rest des Jahres super für Gäste. Schmecken gut mit kräftigem Käse und Obst, beispielsweise mit Gorgonzola und Birne.

TAG 1
SAUERTEIG
ca. 07:00 Uhr ansetzen, 2 Minuten

HAUPTTEIG
ca. 18:00 Uhr kneten, 8–10 Minuten

FORMEN
ca. 19:15 Uhr langwirken, 15 Minuten

TAG 2
OFEN
ca. 07:00 Uhr vorheizen
ca. 07:30 Uhr backen, ca. 18 Minuten

ERGIBT 18 STÜCK

SAUERTEIG
120 g Roggenvollkornmehl
120 g Wasser (ca. 40 °C)
20 g Anstellgut (siehe Seite 18)

HAUPTTEIG
490 g Weizenmehl Type 550
260 g Wasser (28–30 °C)
20 g Zuckerrübensirup
10 g Zucker
10 g Butter
5 g Hefe
13 g Salz
Roggenvollkornmehl zum Bemehlen
Weizenstärke zum Bestäuben (alternativ Kartoffelstärke oder Speisestärke)

Röggelchen

ZUBEREITEN 30 Minuten **RUHEN** 18–24 Stunden **BACKEN** ca. 18 Minuten

TAG 1

❶ Für den Sauerteig alle Zutaten in eine Schüssel geben, mit einem Kochlöffel kräftig vermischen, abdecken und **10–12 Stunden** bei **Raumtemperatur** reifen lassen.

❷ Für den Hauptteig den Sauerteig in die Schüssel der Küchenmaschine geben, Mehl, Wasser, Sirup, Zucker, Butter, Hefe und Salz hinzufügen und mit dem Knethaken bei mittlerer Geschwindigkeit **8–10 Minuten** kneten, bis der Teig sich leicht von der Schüssel löst. (Alternativ **10–12 Minuten** per Hand kneten.)

❸ Die Schüssel abdecken und den Teig **60 Minuten** bei **Raumtemperatur** reifen lassen.

❹ Den Teig auf einer leicht mit Roggenmehl bestäubten Arbeitsfläche in 18 gleich große Stücke (à 60 g) teilen, zu Rechtecken flach drücken, die kurzen Seiten jeweils zur Mitte überlappend einschlagen und straff von der langen Seite aufrollen, um Spannung aufzubauen. Dann zu länglichen Teiglingen formen und leicht mit Stärke bestäuben (sie sorgt später für die glänzende Kruste).

❺ Die Teiglinge mit der Naht nach unten jeweils als Pärchen auf ein mit Backpapier ausgelegtes Backblech legen, mit einem zweiten Backblech abdecken und über Nacht **8–12 Stunden** im Kühlschrank reifen lassen.

TAG 2

❻ Am nächsten Morgen den Backofen gut auf **250 °C** Ober-/Unterhitze vorheizen.

❼ Die Teiglinge mit Wasser besprühen, in den vorgeheizten Ofen auf die unterste Schiene geben und mit viel Dampf (siehe Seite 31) etwa **18 Minuten** backen.

❽ Aus dem Ofen nehmen, sofort noch mal mit Wasser besprühen und die Röggelchen auf einem Küchengitter abkühlen lassen.

MEIN TIPP Wer in Köln „Halve Hahn“ bestellt, bekommt kein halbes Grillhähnchen, sondern genau das: ein halbes Röggelchen belegt mit einer dicken Scheibe Gouda. Röggelchen sind das kölsche Brötchen schlechthin.

Plunder-gebäck

Tipps und Tricks zum Gelingen des Plunder-Grundteigs

Plunderteig ist für viele Hobbybäckerinnen und Hobbybäcker ein absoluter Endgegner: Die Butter läuft aus, die Schichten verbinden sich, der Teig will einfach nicht aufgehen und außerdem zieht er sich beim Ausrollen immer wieder zusammen. Doch das muss nicht sein! Hier die wichtigsten Tipps und Tricks, damit er zuverlässig gelingt.

KALTE ZUTATEN VERWENDEN Es ist wichtig, dass kalte Butter oder Margarine, kalte Milch und kaltes Wasser verwendet werden. Dadurch vermeidet man, dass sich die Butter- und Teigschichten verbinden.

VERARBEITUNGSZEIT BEACHTEN Der Teig sollte nicht zu lange geknetet werden, da er sonst zu warm wird und außerdem die Glutenverbindungen zu stark werden und die Dehnbarkeit verloren geht.

MEHL MIT HÖHEREM PROTEINGEHALT VERWENDEN Ein Mehl mit einem höheren Protein- beziehungsweise Glutengehalt (mindestens 12 Prozent) sorgt dafür, dass der Teig sehr dehnbar wird und die Teigschichten beim Ausrollen nicht reißen. Das normale Weizenmehl Type 405 enthält meist nur 7 bis 9 Prozent Protein, aber man findet im gut sortierten Supermarkt auch Profiweizenmehl Type 405 und 550 mit 12 Prozent Proteinanteil.

GENÜGEND RUHEZEIT Der Teig muss zwischen den einzelnen Arbeitsgängen unbedingt im Kühlschrank ruhen, um seine Elastizität zu bewahren und die Temperatur zu stabilisieren.

TEIG GLEICHMÄSSIG AUSROLLEN Beim Ausrollen mit langen, gleichmäßigen Zügen arbeiten und ein schnelles Hin- und Herrollen vermeiden. Es empfiehlt sich auch, vor dem Ausrollen erst mal mit dem Nudelholz mehrere Mulden in den Teigblock oder Teigstreifen zu drücken, so lassen sich die Schichten dann gleichmäßig ausrollen, ohne dass sie sich verschieben.

SCHNELL UND SELBSTBEWUSST ARBEITEN Der Teig sollte schnell und präzise verarbeitet werden, da er durch die Wärme der Hände, der Arbeitsplatte und der Umgebung schnell weich wird.

KLEBRIGKEIT Beim Ausrollen darauf achten, dass der Teig nicht an der Arbeitsfläche kleben bleibt: Überprüfe immer wieder die Klebrigkeit und streue bei Bedarf Mehl nach.

UND DER WAHRSCHEINLICH WICHTIGSTE TIPP Butter und Teig sollten bei der Verarbeitung dieselbe Konsistenz haben. Dafür muss die Butter etwas wärmer sein als der Teig. Am besten nimmst du die vorbereitete Butterplatte etwa 10 Minuten vor dem Teig aus dem Kühlschrank. Überprüfe unbedingt die Konsistenz, bevor du mit der Zubereitung beginnst.

Viel Erfolg!

TEIG
ca. 16:00 Uhr vorbereiten, 5 Minuten
ca. 16:05 Uhr kneten, 2–3 Minuten

TOURIEREN
ca. 16:25 Uhr Butterplatte herstellen, Teig ausrollen, 5 Minuten
16:30 Uhr Butter einschlagen, 1. Tour, 5 Minuten
17:00 Uhr 2. Tour, 5 Minuten
17:30 Uhr 3. Tour, 5 Minuten
18:00 Uhr weiterverarbeiten oder lagern

ERGIBT CA. 1.070 G TEIG
500 g Weizenmehl Type 405 oder 550 mit mind. 12 % Proteingehalt (siehe Tipp) plus etwas zum Bemehlen
10 g Salz
50 g Zucker
10 g Hefe
300 g kalte Milch (3,5 % Fett)
250 g kalte Butter

Plunder-Grundteig

ZUBEREITEN 30 Minuten **RUHEN** ca. 2 Stunden

❶ Mehl, Salz und Zucker in einer Schüssel vermischen.
❷ Die Hefe in etwas kalter Milch auflösen, mit der restlichen Milch zur Mehlmischung geben und die Zutaten mit der Hand **2–3 Minuten** zu einem Teig kneten. Nicht länger kneten, um nicht zu starke Glutenverbindungen aufzubauen.
❸ Den Teig zu einer Kugel formen, in die Schüssel legen, abdecken und **30 Minuten** in den Kühlschrank stellen.
❹ Die Butter zwischen zwei Bögen Backpapier legen, das Papier auf etwa 25 × 25 cm einfalten und die Butter darin mit einem Nudelholz zu einer gleichmäßig dicken quadratischen Platte rollen.
❺ Prüfen, ob Teig und Butter etwa die gleiche Konsistenz haben. Falls nicht, die weichere Masse noch mal **5–10 Minuten** kühlen.
❻ Teig auf der leicht bemehlten Arbeitsfläche zu einem 50 × 25 cm großen Rechteck ausrollen.
❼ Die Butter etwas von der Mitte versetzt auf das Teigrechteck legen, die Teigenden rechts und links darüberschlagen und die Kanten aneinanderdrücken.
❽ Den Teig nun wieder zu einem Rechteck (etwa 25 × 75 cm) ausrollen, dabei vorher am besten erst mit dem Nudelholz mehrere Mulden hineindrücken. Dann von einer kurzen Seite ein Drittel des Teigs zur Mitte falten, das andere gegenüberliegende Drittel darüberlegen. Abdecken und **30 Minuten** im Kühlschrank ruhen lassen.
❾ Schritt 8 zweimal wiederholen, sodass der Teig insgesamt dreimal gefaltet (touriert) wurde. So erhält man 27 Butterschichten.
❿ Nach dem letzten **30-minütigen** Kühlen ist der Grundteig fertig und kann direkt weiterverarbeitet oder bis zu **24 Stunden** im Kühlschrank gelagert werden.

MEIN TIPP Es hat sich auch bewährt, etwa 10–15 Prozent des Mehls durch Dinkel- oder Emmermehl zu ersetzen. Dadurch bringt man zusätzliche Dehnbarkeit in den Teig, sodass er sich später gut ausrollen lässt.

4

7

7

8

8

8

8 / 9

9

TAG 1
FORMEN
ca. 20:00 Uhr ausrollen, zuschneiden und aufrollen, 10 Minuten

TAG 2
OFEN UND EISTREICHE
ca. 07:00 Uhr vorheizen
ca. 07:00 Uhr bestreichen, 3 Minuten
ca. 07:15 Uhr backen, 15–18 Minuten

ERGIBT 12 STÜCK

TEIG
1 Rezeptmenge gekühlter Plunderteig (siehe Seite 126)
Weizenmehl Type 405 oder 550 zum Bemehlen
Reismehl zum Bestäuben

EISTREICHE
1 Eigelb (Größe M)
2 EL Milch (3,5 % Fett)
1 Prise Zucker
1 Prise Salz

Croissants

ZUBEREITEN 15 Minuten (ohne Teig) **RUHEN** 8–12 Stunden
BACKEN 15–18 Minuten

TAG 1

❶ Den Plunderteig auf einer leicht bemehlten Arbeitsfläche mit einem ausreichend großen Nudelholz zu einem 5 mm dicken und 60 × 30 cm großen Rechteck ausrollen. Dann die kurzen Seiten gerade abschneiden.
❷ Nun an einer der langen Kanten Schnittstellen im Abstand von 10 cm markieren. An der gegenüberliegenden Kante die erste Markierung bei 5 cm ansetzen, dann ebenfalls im Abstand von 10 cm markieren.
❸ Mit einem Pizzaroller oder einem scharfen Messer zwischen den Markierungen Dreiecke ausschneiden, also im Zickzack (ein Lineal kann dabei hilfreich sein). So entstehen elf lange Dreiecke und zwei halbe am Rand.
❹ Je ein Teigdreieck in die Hand nehmen und mit der anderen Hand vorsichtig etwas lang ziehen. Auf die Arbeitsfläche legen, von der kurzen Seite her straff aufrollen und mit der Schlussspitze nach unten auf zwei mit Backpapier ausgelegte Backbleche setzen. Die beiden halben Dreiecke vom Rand zu einem Dreieck zusammenfügen, ebenso formen und aufs Blech legen. Insgesamt sollten zwölf Teiglinge entstehen.
❺ Die Bleche mit Frischhaltefolie abdecken, diese am besten vorher mit etwas Reismehl bestäuben, damit die Folie nicht am Teig kleben bleibt, und über Nacht **8–12 Stunden** in den Kühlschrank stellen.

TAG 2

❻ Am nächsten Morgen den Backofen auf **200 °C** Umluft vorheizen.
❼ Inzwischen für die Eistreiche Eigelb, Milch, Zucker und Salz verquirlen, die Teiglinge damit bestreichen und noch etwas ruhen lassen.
❽ Die Bleche in den vorgeheizten Ofen auf die mittlere Schiene schieben und **15–18 Minuten** backen.
❾ Herausnehmen und die Croissants auf einem Küchengitter abkühlen lassen. Frisch genießen.

SO GEHT'S AUCH Die Nachtreife ist nicht zwingend erforderlich. Du kannst die Teiglinge auch zu einer anderen Uhrzeit vorbereiten, 2 Stunden abgedeckt bei Raumtemperatur reifen lassen und wie angegeben backen.

Knusperstangen

ZUBEREITEN 25–30 Minuten (ohne Teig) **RUHEN** 8–12 Stunden
BACKEN 15–18 Minuten

TAG 1
FORMEN UND EISTREICHE
ca. 20:00 Uhr ausrollen, belegen, falten, bestreichen, schneiden, 25 Minuten

TAG 2
OFEN
ca. 07:00 Uhr vorheizen
ca. 07:15 Uhr backen, 15–18 Minuten

ERGIBT 8 STÜCK

TEIG

1 Rezeptmenge gekühlter Plunderteig (siehe Seite 126)
Weizenmehl Type 405 oder 550 zum Bemehlen
Reismehl zum Bestäuben

FÜLLUNG

30 g Tomatenmark
Salz
schwarzer Pfeffer aus der Mühle
250 g mittelalter Gouda, gerieben
125 g Speckwürfel (nach Belieben)

EISTREICHE UND TOPPING

1 Eigelb (Größe M)
20 g Milch (3,5 % Fett)
1 Prise Zucker
1 Prise Salz
Mohnsaat (Blaumohn) zum Bestreuen
Sesamsaat zum Bestreuen

TAG 1

❶ Den Plunderteig auf einer leicht bemehlten Arbeitsfläche mit einem ausreichend großen Nudelholz zu einem 5 mm dicken und 60 × 30 cm großen Rechteck ausrollen.

❷ Für die Füllung den Teig dünn mit Tomatenmark bestreichen, mit etwas Salz und Pfeffer würzen und die Hälfte des Teigs mit Käse und nach Belieben mit Speck bestreuen. Die unbelegte Teighälfte über die belegte klappen, sodass ein Quadrat entsteht.

❸ Für die Eistreiche Eigelb, Milch, Zucker und Salz verquirlen, die Teigoberfläche mit der Hälfte davon bestreichen und mit Mohnsaat bestreuen.

❹ Eine Lage Backpapier darauflegen und mithilfe von zwei Küchenbrettern den gefüllten Teig wenden.

❺ Die andere Seite mit der restlichen Eistreiche bepinseln und mit Sesam bestreuen.

❻ Den gefüllten Teig in acht etwa 4 cm breite und 30 cm lange Streifen schneiden, diese in sich verdrehen und mit ausreichendem Abstand auf ein mit Backpapier ausgelegtes Backblech legen.

❼ Das Blech mit Frischhaltefolie abdecken, diese am besten vorher mit etwas Reismehl bestäuben, damit die Folie nicht am Teig kleben bleibt, und über Nacht **8–12 Stunden** in den Kühlschrank stellen.

TAG 2

❽ Am nächsten Morgen den Backofen gut auf **200 °C** Umluft vorheizen.

❾ Die Folie abnehmen, das Blech in den Ofen auf die mittlere Schiene schieben und **15–18 Minuten** backen.

❿ Herausnehmen und auf einem Küchengitter abkühlen lassen.

SO GEHT'S AUCH Die Nachtreife ist nicht unbedingt notwendig. Du kannst die Teiglinge auch zu einer anderen Uhrzeit vorbereiten, 2 Stunden abgedeckt bei Raumtemperatur reifen lassen und wie angegeben backen.

MEIN TIPP Großartige Snack-Stangen für zwischendurch, die selbst gemacht einfach so viel besser als die Fertigware bei den meisten Bäckern sind. Auch toll, weil die Füllung für jeden Geschmack anpassbar ist, zum Beispiel mit Speck oder veggie.

TAG 1
FORMEN
ca. 20:00 Uhr ausrollen, belegen, aufrollen und schneiden, 15 Minuten

TAG 2
OFEN UND EISTREICHE
ca. 07:00 Uhr vorheizen
ca. 07:00 Uhr bestreichen, 3 Minuten
ca. 07:15 Uhr backen, 15–18 Minuten

ERGIBT 8 STÜCK

TEIG
1 Rezeptmenge gekühlter Plunderteig (siehe Seite 126)
Weizenmehl Type 405 oder 550 zum Bemehlen

FÜLLUNG
100 g Zucker
2 TL gemahlener Zimt
30 g Butter
Reismehl zum Bestäuben

EISTREICHE
1 Eigelb (Größe M)
2 EL Milch (3,5 % Fett)
1 Prise Zucker
1 Prise Salz

Franzbrötchen

ZUBEREITEN 20 Minuten (ohne Teig) **RUHEN** 8–12 Stunden
BACKEN 15–18 Minuten

TAG 1

❶ Den Plunderteig auf einer leicht bemehlten Arbeitsfläche mit einem ausreichend großen Nudelholz zu einem 5 mm dicken und 60 × 30 cm großen Rechteck ausrollen.

❷ Für die Füllung Zucker und Zimt gut vermischen. Die Butter zerlassen und den Teig damit bestreichen. Dann die Zimt-Zucker-Mischung gleichmäßig darauf verteilen und von einer kurzen Seite her aufrollen.

❸ Die Rolle (Naht unten) in acht etwa 4 cm breite Stücke schneiden und diese ohne umzuklappen mit einem Stab (zum Beispiel einem Holzlöffelstiel) sehr tief eindrücken, sodass der Teig rechts und links hervorquillt. Dann auf zwei mit Backpapier ausgelegte Backbleche legen.

❹ Die Bleche mit Frischhaltefolie abdecken, diese am besten vorher mit etwas Reismehl bestäuben, damit die Folie nicht am Teig kleben bleibt, und über Nacht **8–12 Stunden** in den Kühlschrank stellen.

TAG 2

❺ Am nächsten Morgen den Backofen auf **200 °C** Umluft vorheizen.

❻ In der Zwischenzeit für die Eistreiche Eigelb, Milch, Zucker und Salz verquirlen, die Teiglinge damit bestreichen und noch etwas ruhen lassen.

❼ Die Bleche in den Ofen auf die mittlere Schiene schieben und **15–18 Minuten** backen.

❽ Herausnehmen und auf einem Küchengitter abkühlen lassen.

SO GEHT'S AUCH Die Nachtreife ist nicht unbedingt erforderlich. Du kannst die Teiglinge auch zu einer anderen Uhrzeit vorbereiten, 2 Stunden abgedeckt bei Raumtemperatur reifen lassen und wie angegeben backen.

MEIN TIPP Danke, Hamburg, für diese geniale Vorlage! Es hat ein bisschen gedauert, um meine eigenen Franzbrötchen zu perfektionieren, aber lecker waren sie von Anfang an – mit Zimt, Zucker und Butter auch kaum anders möglich ...

TAG 1
FORMEN
ca. 20:00 Uhr ausrollen und schneiden, 15 Minuten

TAG 2
OFEN, LAUGE UND TOPPING
ca. 07:00 Uhr vorheizen
ca. 07:00 Uhr in Lauge baden und bestreuen, 5 Minuten
ca. 07:15 Uhr backen, 15–18 Minuten

ERGIBT 8 STÜCK
1 Rezeptmenge gekühlter Plunderteig (siehe Seite 126)
Weizenmehl Type 405 oder 550 zum Bemehlen
Reismehl zum Bestäuben
1 l Ätznatron (4-prozentig, Lebensmittelqualität)
Mohnsaat oder Sesamsaat zum Bestreuen (nach Belieben)

Laugenecken

ZUBEREITEN 20 Minuten (ohne Teig) **RUHEN** 8–12 Stunden
BACKEN 15–18 Minuten

TAG 1

❶ Den Plunderteig auf einer leicht bemehlten Arbeitsfläche mit einem ausreichend großen Nudelholz zu einem 5 mm dicken und 60 × 30 cm großen Rechteck ausrollen. Dann die kurzen Seiten gerade abschneiden.
❷ Den Teig mit einem Pizzaroller oder einem scharfen Messer längs halbieren und aus den Teighälften je sechs etwa 10 × 15 cm große Rechtecke schneiden (ein Lineal kann dabei hilfreich sein). Die Rechtecke diagonal halbieren, sodass insgesamt 24 Dreiecke entstehen.
❸ Jeweils drei Dreiecke kantengenau übereinanderlegen, dabei die Teigflächen, die sich berühren, leicht mit Wasser bestreichen, denn so haften sie besser aneinander. Die Teiglinge auf ein mit Backpapier ausgelegtes Backblech setzen.
❹ Das Backblech mit Frischhaltefolie abdecken, diese am besten vorher mit etwas Reismehl bestäuben, damit die Folie nicht am Teig kleben bleibt, und über Nacht **8–12 Stunden** in den Kühlschrank stellen.

TAG 2

❺ Am nächsten Morgen den Backofen auf **200 °C** Umluft vorheizen.
❻ Die Lauge (Hinweis beachten!) vorsichtig in eine Schüssel füllen, die Teiglinge mithilfe eines Schaumlöffels jeweils **2–3 Sekunden** pro Seite in der Lauge baden und auf ein mit Dauerbackfolie ausgelegtes Backblech legen. Nach Belieben mit Mohn oder Sesam bestreuen oder pur lassen.
❼ Das Blech in den vorgeheizten Ofen auf die mittlere Schiene schieben und **15–18 Minuten** backen.
❽ Herausnehmen und auf einem Küchengitter abkühlen lassen.

HINWEIS Ätznatron sollte nicht mit der Haut in Berührung kommen. Falls doch, sofort unter fließendem Wasser abwaschen! Kontakt mit den Augen unbedingt vermeiden! Als Schutzmaßnahme am besten Handschuhe und Schutzbrille tragen. Ätznatron kann man mindestens dreimal wiederverwenden. Zum Entsorgen stark mit Wasser verdünnt in den Abfluss geben. Vor Kindern sicher aufbewahren! Kein Backpapier verwenden, es könnte durch die Lauge zersetzt werden.

SO GEHT'S AUCH Die Nachtreife ist nicht zwingend erforderlich. Du kannst die Teiglinge auch zu einer anderen Uhrzeit vorbereiten, 2 Stunden abgedeckt bei Raumtemperatur reifen lassen und wie angegeben backen.

TAG 1
FORMEN
ca. 20:00 Uhr ausrollen, belegen, aufrollen und schneiden, 15 Minuten

TAG 2
OFEN UND EISTREICHE
ca. 07:00 Uhr vorheizen
ca. 07:00 Uhr bestreichen, 3 Minuten
ca. 07:15 Uhr backen, 15–18 Minuten

ERGIBT CA. 14 STÜCK

TEIG

1 Rezeptmenge gekühlter Plunderteig (siehe Seite 126)
Weizenmehl Type 405 oder 550 zum Bemehlen
350 g backfertige Mohnfüllung (Mohnback)
Reismehl zum Bestäuben

EISTREICHE

1 Eigelb (Größe M)
2 EL Milch (3,5 % Fett)
1 Prise Zucker
1 Prise Salz

Mohnschnecken

ZUBEREITEN 20 Minuten (ohne Teig) **RUHEN** 8–12 Stunden
BACKEN 15–18 Minuten

TAG 1

❶ Den Plunderteig auf einer leicht bemehlten Arbeitsfläche mit einem ausreichend großen Nudelholz zu einem 5 mm dicken und 60 × 30 cm großen Rechteck ausrollen.
❷ Den Teig gleichmäßig mit der Mohnfüllung bestreichen und von einer kurzen Seite her aufrollen.
❸ Die Rolle in etwa 14 circa 2 cm breite Scheiben schneiden und mit den Schnittflächen auf zwei mit Backpapier ausgelegte Backbleche legen.
❹ Die Bleche mit Frischhaltefolie abdecken, diese am besten vorher mit etwas Reismehl bestäuben, damit die Folie nicht am Teig kleben bleibt, und über Nacht **8–12 Stunden** in den Kühlschrank stellen.

TAG 2

❺ Am nächsten Morgen den Backofen gut auf **200 °C** Umluft vorheizen.
❻ Inzwischen für die Eistreiche Eigelb, Milch, Zucker und Salz verquirlen, die Teiglinge damit bestreichen und noch etwas ruhen lassen.
❼ Die Bleche in den vorgeheizten Ofen auf die mittlere Schiene schieben und **15–18 Minuten** backen.
❽ Herausnehmen und auf einem Küchengitter abkühlen lassen.

SO GEHT'S AUCH Die Nachtreife ist nicht zwingend erforderlich. Du kannst die Teiglinge auch zu einer anderen Uhrzeit vorbereiten, 2 Stunden abgedeckt bei Raumtemperatur reifen lassen und wie angegeben backen.

TAG 1
FORMEN
ca. 20:00 Uhr ausrollen, belegen, aufrollen und schneiden, 15–20 Minuten

EISTREICHE
ca. 20:20 Uhr bestreichen, 3 Minuten

TAG 2
OFEN
ca. 07:00 Uhr vorheizen
ca. 07:15 Uhr backen, 15–18 Minuten

ERGIBT 8 STÜCK

TEIG

1 Rezeptmenge gekühlter Plunderteig (siehe Seite 126)
Weizenmehl Type 405 oder 550 zum Bemehlen
Reismehl zum Bestäuben

FÜLLUNG

100 g Doppelrahmfrischkäse
250 g geriebener Mozzarella

EISTREICHE

1 Eigelb (Größe M)
2 EL Milch (3,5 % Fett)
1 Prise Zucker
1 Prise Salz

Mozzarellafächer

ZUBEREITEN 20–25 Minuten (ohne Teig) **RUHEN** 8–12 Stunden
BACKEN 15–18 Minuten

TAG 1

❶ Den Plunderteig auf einer leicht bemehlten Arbeitsfläche mit einem ausreichend großen Nudelholz zu einem 5 mm dicken und 60 × 30 cm großen Rechteck ausrollen.
❷ Für die Füllung den Plunderteig mit dem Frischkäse bestreichen, mit 200 g Mozzarella bestreuen und von einer kurzen Seite her aufrollen.
❸ Die Rolle (Naht unten) in acht etwa 4 cm breite Stücke schneiden und diese ohne umzuklappen mit einem Stab (zum Beispiel einem Holzlöffelstiel) sehr tief eindrücken, sodass der Teig rechts und links hervorquillt. Dann auf zwei mit Backpapier ausgelegte Backbleche legen.
❹ Für die Eistreiche Eigelb, Milch, Zucker und Salz verquirlen, die Teiglinge damit bestreichen und mit dem restlichen Mozzarella bestreuen.
❺ Die Backbleche mit Frischhaltefolie abdecken, diese am besten vorher mit etwas Reismehl bestäuben, damit die Folie nicht am Teig kleben bleibt, und über Nacht **8–12 Stunden** in den Kühlschrank stellen.

TAG 2

❻ Am nächsten Morgen den Backofen auf **200 °C** Umluft vorheizen.
❼ Die Folien abnehmen, die Bleche in den vorgeheizten Ofen auf die mittlere Schiene schieben und **15–18 Minuten** backen.
❽ Herausnehmen und auf einem Küchengitter abkühlen lassen.

SO GEHT'S AUCH Die Nachtreife ist nicht zwingend erforderlich. Du kannst die Teiglinge auch zu einer anderen Uhrzeit vorbereiten, 2 Stunden abgedeckt bei Raumtemperatur reifen lassen und wie angegeben backen.

TAG 1
FORMEN
ca. 20:00 Uhr ausrollen, zuschneiden, belegen und aufrollen, 15 Minuten

TAG 2
OFEN UND EISTREICHE
ca. 07:00 Uhr vorheizen
ca. 07:00 Uhr bestreichen, 3 Minuten
ca. 07:15 Uhr backen, 15–18 Minuten

ERGIBT 12 STÜCK

TEIG

1 Rezeptmenge gekühlter Plunderteig (siehe Seite 126)
Weizenmehl Type 405 oder 550 zum Bemehlen
24 Schokoladenstäbchen (8–10 cm lang; ca. 120 g)
Reismehl zum Bestäuben

EISTREICHE

1 Eigelb (Größe M)
2 EL Milch (3,5 % Fett)
1 Prise Zucker
1 Prise Salz

Pains au chocolat

ZUBEREITEN 20 Minuten (ohne Teig) **RUHEN** 8–12 Stunden
BACKEN 15–18 Minuten

TAG 1

❶ Den Plunderteig auf einer leicht bemehlten Arbeitsfläche mit einem ausreichend großen Nudelholz zu einem 5 mm dicken und 60 × 30 cm großen Rechteck ausrollen. Dann die kurzen Seiten gerade abschneiden.
❷ Mit einem Pizzaroller oder einem scharfen Messer den Teig längs halbieren und aus den Hälften jeweils sechs etwa 10 × 15 cm große Rechtecke schneiden (ein Lineal kann dabei hilfreich sein).
❸ Jeweils ein Schokostäbchen an die kurze Seite eines Teigrechtecks legen, einmal einwickeln und ein weiteres Schokostäbchen davor platzieren. Den Teig vollständig aufrollen und mit der Naht nach unten auf zwei mit Backpapier ausgelegte Backbleche setzen.
❹ Die Backbleche mit Frischhaltefolie abdecken, diese am besten vorher mit etwas Reismehl bestäuben, damit die Folie nicht am Teig kleben bleibt, und über Nacht **8–12 Stunden** in den Kühlschrank stellen.

TAG 2

❺ Am nächsten Morgen den Backofen auf **200 °C** Umluft vorheizen.
❻ In der Zwischenzeit für die Eistreiche Eigelb, Milch, Zucker und Salz verquirlen, die Teiglinge damit bestreichen und noch etwas ruhen lassen.
❼ Die Bleche in den vorgeheizten Ofen auf die mittlere Schiene schieben und **15–18 Minuten** backen.
❽ Herausnehmen und auf einem Küchengitter abkühlen lassen. Frisch genießen.

SO GEHT'S AUCH Die Nachtreife ist nicht zwingend erforderlich. Du kannst die Teiglinge auch zu einer anderen Uhrzeit vorbereiten, 2 Stunden abgedeckt bei Raumtemperatur reifen lassen und wie angegeben backen.

MEIN TIPP Nichts geht über ein richtig gutes Pain au chocolat! Wieder so ein Lieblingsplunder für Feiertage und schöne Gelegenheiten. In unserer Familie mittlerweile mehr als eine feste Tradition.

Tomatenstrudel

ZUBEREITEN 30 Minuten (ohne Teig) **RUHEN** 8–12 Stunden
BACKEN 15–18 Minuten

TAG 1
FÜLLUNG
ca. 20:00 Uhr zubereiten, 10 Minuten

FORMEN
ca. 20:00 Uhr ausrollen, schneiden und füllen, 15 Minuten

TAG 2
OFEN UND EISTREICHE
ca. 07:00 Uhr vorheizen
ca. 07:00 Uhr bestreichen und bestreuen, 3 Minuten
ca. 07:15 Uhr backen, 15–18 Minuten

ERGIBT 8 STÜCK

FÜLLUNG
75–100 g Cherrytomaten
80 g Tomatenmark
40 g Tomatenketchup
40 g Ajvar
30 g geriebener Käse (z. B. mittelalter Gouda, Bergkäse)
½ TL Paprikapulver
1 Prise Knoblauchpulver
1 Prise Salz
1 Prise schwarzer Pfeffer aus der Mühle

TEIG
1 Rezeptmenge gekühlter Plunderteig (siehe Seite 126)
Weizenmehl Type 405 oder 550 zum Bemehlen
1 Eiweiß (Größe M)
Reismehl zum Bestäuben

EISTREICHE UND TOPPING
1 Eigelb (Größe M)
2 EL Milch (3,5 % Fett)
1 Prise Zucker
1 Prise Salz
Sesamsaat zum Bestreuen

TAG 1

❶ Für die Füllung die Cherrytomaten waschen, klein hacken und in eine Schüssel geben. Tomatenmark, Ketchup, Ajvar, Käse und Gewürze hinzufügen und vermengen.
❷ Den Plunderteig auf einer leicht bemehlten Arbeitsfläche mit einem ausreichend großen Nudelholz zu einem 5 mm dicken und 60 × 30 cm großen Rechteck ausrollen und in acht etwa 15 × 15 cm große Quadrate schneiden.
❸ Jedes Quadrat mittig mit einer leichten Kerbe halbieren und in die eine Hälfte mit einem scharfen Messer quer vier bis fünf Schlitze schneiden, dabei nicht ganz bis zum Rand schneiden. Die andere Hälfte nun mit der Tomatenmischung belegen.
❹ Das Eiweiß leicht verrühren und die Teigränder damit bestreichen. Die Teighälfte an der Einkerbung als Deckel über die Füllung klappen und die Ränder mit einer Gabel leicht andrücken. Die Teiglinge auf zwei mit Backpapier ausgelegte Backbleche legen.
❺ Die Bleche mit Frischhaltefolie abdecken, diese am besten vorher mit etwas Reismehl bestäuben, damit die Folie nicht am Teig kleben bleibt, und über Nacht **8–12 Stunden** in den Kühlschrank stellen.

TAG 2

❻ Am nächsten Morgen den Backofen auf **200 °C** Umluft vorheizen.
❼ In der Zwischenzeit für die Eistreiche Eigelb, Milch, Zucker und Salz verquirlen, die Teiglinge damit bestreichen, mit etwas Sesam bestreuen und noch etwas ruhen lassen.
❽ Die Bleche in den vorgeheizten Ofen auf die mittlere Schiene schieben und **15–18 Minuten** backen.
❾ Herausnehmen und auf einem Küchengitter abkühlen lassen.

SO GEHT'S AUCH Die Nachtreife ist nicht zwingend erforderlich. Du kannst die Teiglinge auch zu einer anderen Uhrzeit vorbereiten, 2 Stunden abgedeckt bei Raumtemperatur reifen lassen und wie angegeben backen.

Süßgebäck

TAG 1
TEIG
ca. 15:00 Uhr kneten,
11–13 Minuten

FORMEN
ca. 19:15 Uhr teilen, flach drücken und füllen, 15 Minuten

TAG 2
OFEN UND AUFSTRICH
ca. 07:00 Uhr vorheizen
ca. 07:00 Uhr bestreichen, 1 Minute
ca. 07:30 Uhr backen, 15–20 Minuten

ERGIBT 6 STÜCK

TEIG
245 g Weizenmehl Type 550 plus etwas zum Bemehlen
150 g Milch (3,5 % Fett)
2 g frische Hefe
4 g aktives Backmalz
25 g Zucker
1 Msp. Vitamin-C-Pulver
6 g Salz
35 g Butter
Pflanzenöl zum Einfetten

FÜLLUNG UND TOPPING
60–80 g Aprikosenkonfitüre oder Pflaumenmus
20 g flüssige Butter
Puderzucker zum Bestäuben

Buchteln

ZUBEREITEN 30 Minuten **RUHEN** 13–17 Stunden **BACKEN** 15–20 Minuten

TAG 1

1. Für den Teig Mehl, Milch, Hefe, Backmalz, Zucker und Vitamin-C-Pulver in die Rührschüssel der Küchenmaschine geben und mit dem Knethaken erst bei langsamer Geschwindigkeit **3 Minuten,** dann auf schneller Stufe **8–10 Minuten** zu einem glatten Teig kneten, dabei **2–3 Minuten** vor Ende der Knetzeit Salz und Butter hinzugeben. (Alternativ **12–15 Minuten** per Hand kneten.)
2. Die Schüssel abdecken und den Teig **4 Stunden** bei **Raumtemperatur** reifen lassen.
3. Den Teig auf einer leicht bemehlten Arbeitsfläche in zwölf gleich große Stücke (à etwa 75 g) teilen und flach drücken. Für die Füllung je 1 gehäuften TL Konfitüre oder Mus in die Mitte der Teigstücke geben, verschließen und rund formen.
4. Mit der Naht nach unten im Abstand von etwa 2 cm zueinander in eine mit Öl eingefettete große rechteckige Auflaufform mit hohem Rand setzen, abdecken (falls der Formrand nicht hoch genug ist, eine hohe Alufolienhaube formen) und **60 Minuten** bei **Raumtemperatur** reifen lassen, dann über Nacht **8–12 Stunden** in den Kühlschrank stellen.

TAG 2

5. Am nächsten Morgen den Backofen gut auf **200 °C** Ober-/Unterhitze vorheizen.
6. Die Teiglinge mit flüssiger Butter bestreichen und im vorgeheizten Ofen auf der untersten Schiene ohne Dampf **15–20 Minuten** backen.
7. Herausnehmen, auf einem Küchengitter abkühlen lassen und mit Puderzucker bestäuben.

MEIN TIPP Wie du ohne Feinwaage kleine Hefemengen abmisst, findest du im Theorieteil (siehe Seite 15).

SO GEHT'S AUCH Statt der Nachtgare die fertigen Teiglinge 2 Stunden abgedeckt bei Raumtemperatur reifen lassen und wie angegeben backen.

Rosinenbrötchen gehen immer – ich gönne mir am Wochenende gern eins noch lauwarm mit Schokocreme, der Rest der Familie stopft sich die Woche über damit die Taschen voll, solange der Vorrat reicht.

Rosinenbrötchen

ZUBEREITEN ca. 30 Minuten **RUHEN** 9 ½–13 ½ Stunden
BACKEN ca. 18 Minuten

TAG 1
QUELLSTÜCK
ca. 15:00 Uhr vorbereiten,
1 Minute

TEIG
ca. 17:45 Uhr kneten,
11–16 Minuten

FORMEN
ca. 19:30 Uhr rundschleifen,
10 Minuten

TAG 2
OFEN UND EISTREICHE
ca. 07:00 Uhr vorheizen
ca. 07:00 Uhr bestreichen,
3 Minuten
ca. 07:30 Uhr backen,
ca. 18 Minuten

ERGIBT 14 STÜCK

QUELLSTÜCK
100 g Rosinen
30 g Apfelsaft

TEIG
500 g Weizenmehl Type 550 plus etwas zum Bemehlen
230 g Milch (3,5 % Fett)
80 g Wasser
2 g frische Hefe
15 g Zucker
10 g Salz
50 g weiche Butter

EISTREICHE
1 Ei (Größe M)
1 ½ EL Sahne
1 Prise Zucker
1 Prise Salz

TAG 1

❶ Für das Quellstück die Rosinen in eine Schale geben, mit Apfelsaft beträufeln und **2–3 Stunden** ziehen lassen.
❷ Für den Teig Mehl, Milch, Wasser, Hefe, Zucker und Salz in die Rührschüssel der Küchenmaschine geben und mit dem Knethaken bei langsamer Geschwindigkeit **2–3 Minuten** kneten. Die Butter zugeben und bei mittlerer Geschwindigkeit **6–8 Minuten** einkneten. Eingeweichte Rosinen zugeben und noch **3–5 Minuten** langsam einarbeiten. (Alternativ insgesamt **13–18 Minuten** per Hand kneten.)
❸ Die Schüssel abdecken und den Teig **90 Minuten** bei **Raumtemperatur** anspringen lassen.
❹ Den Teig auf einer leicht bemehlten Arbeitsfläche in 14 gleich große Stücke (à etwa 70 g) teilen und unter der hohlen Handfläche mit kreisender Bewegung und leichtem Druck zu Kugeln formen.
❺ Ein Küchentuch locker auf ein Backblech legen und mit Semola bemehlen. Die Teigkugeln mit der Naht nach unten darauf platzieren und das Tuch zwischen ihnen etwas hochziehen, damit sie sich nicht berühren. Abdecken und über Nacht **8–12 Stunden** im Kühlschrank reifen lassen.

TAG 2

❻ Am nächsten Morgen den Backofen gut auf **230 °C** Ober-/Unterhitze vorheizen.
❼ In der Zwischenzeit für die Eistreiche das Ei durch ein Sieb in eine Schale passieren und mit Sahne, Zucker und Salz verrühren. Die Teiglinge auf ein mit Backpapier ausgelegtes Backblech setzen und mit der Hälfte der Eistreiche bepinseln.
❽ Wenn der Ofen vorgeheizt ist, die Teiglinge mit der restlichen Eistreiche bepinseln, in den Ofen auf die unterste Schiene schieben, die Temperatur direkt auf **200 °C** reduzieren und mit Dampf (siehe Seite 31) etwa **18 Minuten** backen, dabei nach **10 Minuten** durch Öffnen der Ofentür den Dampf ablassen und fertig backen.
❾ Herausnehmen und auf einem Küchengitter abkühlen lassen.

MEIN TIPP Wenn jemand keine Rosinen mag, können die Brötchen natürlich auch pur gebacken werden.
SO GEHT'S AUCH Statt der Nachtgare die fertigen Teiglinge 3–4 Stunden abgedeckt bei Raumtemperatur reifen lassen und wie angegeben backen.

Povitica – kroatisches Festtagsbrot

ZUBEREITEN 35 Minuten **RUHEN** 9 ½–13 ½ Stunden
BACKEN 30–35 Minuten

TAG 1
MEHLKOCHSTÜCK
ca. 15:00 Uhr zubereiten, 5 Minuten

HAUPTTEIG
ca. 17:00 Uhr kneten, 16 Minuten

FÜLLUNG
ca. 17:30 Uhr zubereiten, 5 Minuten

FORMEN
ca. 18:30 Uhr ausrollen, bestreichen und aufrollen, 10 Minuten

TAG 2
OFEN
ca. 07:00 Uhr vorheizen
ca. 07:30 Uhr backen, 30–35 Minuten
ca. 08:00 Uhr Zuckerguss, 1 Minute

ERGIBT 1 BROT

MEHLKOCHSTÜCK
90 g Milch (3,5 % Fett)
20 g Weizenmehl Type 550

HAUPTTEIG
220 g Weizenmehl Type 550 plus etwas zum Bemehlen
60 g Milch (3,5 % Fett)
15 g Vanillezucker
2 g frische Hefe
4 g Salz
15 g Butter
1 Eigelb (Größe M)

FÜLLUNG
60 g Milch (3,5 % Fett)
60 g kalte Butter
200 g Walnusskerne
1 Eigelb (Größe M)
90 g brauner Zucker
¼ TL Salz
¼ TL gemahlener Zimt
1 EL Kakaopulver
½ TL Vanilleextrakt

ZUCKERGUSS (NACH BELIEBEN)
30 g Puderzucker
ca. 1 EL Wasser

AUSSERDEM
Kastenform (30 cm Länge)

TAG 1

❶ Für das Mehlkochstück Milch und Mehl in einen kleinen Topf geben, glatt verrühren und unter Rühren kochen, bis eine puddingähnliche Masse entsteht. Auskühlen lassen.

❷ Für den Hauptteig das Mehlkochstück in die Rührschüssel der Küchenmaschine geben, alle Zutaten dazugeben und mit dem Knethaken erst bei langsamer Geschwindigkeit **1 Minute** kneten, dann die Geschwindigkeit auf mittlere Stufe erhöhen und den Teig **15 Minuten** fertig kneten.

❸ Die Schüssel abdecken und den Teig **90 Minuten** bei **Raumtemperatur** reifen lassen.

❹ Währenddessen für die Füllung Milch und Butter im Zerhacker verarbeiten, bis die Butter nur noch als kleine Stücke sichtbar ist.

❺ Walnüsse, Eigelb, Zucker, Salz, Zimt, Kakao und Vanilleextrakt hinzufügen und einige Male mit der Pulsfunktion verarbeiten, bis sich die Zutaten vermischt haben und die Walnüsse grob gehackt sind. Wer die Nüsse lieber fein mag, mixt einfach etwas länger.

❻ Den Hefeteig auf der leicht bemehlten Arbeitsfläche zu einem etwa 25 × 50 cm großen Rechteck ausrollen und die Füllung gleichmäßig darauf verstreichen. Von der kurzen Seite zu einer lockeren flachen Rolle zweimal einschlagen, sodass drei Lagen entstehen, dabei noch etwas in die Länge ziehen. Von der langen Seite dreimal wie eine Ziehharmonika falten (von der Kurzseite gesehen wie ein W). Mit den Falten nach oben in die mit Backpapier ausgelegte Kastenform legen und abgedeckt über Nacht **8–12 Stunden** im Kühlschrank reifen lassen.

TAG 2

❼ Am nächsten Morgen den Backofen gut auf **180 °C** Ober-/Unterhitze vorheizen.

❽ Die Kastenform auf die unterste Schiene im vorgeheizten Ofen stellen und **30–35 Minuten** backen.

❾ Kurz vor Ende der Backzeit nach Belieben für den Zuckerguss Puderzucker und Wasser vermischen.

❿ Aus dem Ofen nehmen und das Festtagsbrot sofort mit dem Guss bestreichen. Nach **10 Minuten** aus der Kastenform lösen und auf einem Küchengitter auskühlen lassen.

MEIN TIPP Povitica schmeckt lauwarm und kalt und bleibt an einem kühlen Ort gut eingepackt problemlos einige Tage frisch.

SO GEHT'S AUCH Statt der Nachtgare den fertigen Teigling 2 Stunden abgedeckt bei Raumtemperatur reifen lassen und wie angegeben backen.

Halb Kuchen, halb Brot ist Povitica in allen Lebenslagen lecker: zum Frühstück oder Kaffee, beim Picknick oder in der Pause.

TAG 1
TEIG
ca. 17:15 Uhr kneten,
10–11 Minuten

FORMEN
ca. 19:30 Uhr ausrollen, bestreuen, aufrollen und schneiden,
10–12 Minuten

TAG 2
OFEN
ca. 07:00 Uhr vorheizen
ca. 07:30 Uhr backen,
15–20 Minuten

ERGIBT 12 STÜCK

TEIG
580 g Weizenmehl Type 550 plus etwas zum Bemehlen
235 g kalte Milch (3,5 % Fett)
5 g Hefe
100 g Zucker
2 Eier (Größe M)
1 Eigelb (Größe M)
6 g Salz
80 g weiche Butter

FÜLLUNG
125 g brauner Zucker
2 TL gemahlener Zimt
80 g weiche Butter

Zimtschnecken

ZUBEREITEN 25 Minuten **RUHEN** 10–14 Stunden **BACKEN** 15–20 Minuten

TAG 1

❶ Für den Teig Mehl, Milch, Hefe, Zucker, Eier, Eigelb und Salz in die Rührschüssel der Küchenmaschine geben und mit dem Knethaken bei langsamer Geschwindigkeit **5–6 Minuten** zu einem gut gebundenen, aber noch recht festen glatten Teig kneten. Die weiche Butter hinzugeben und auf schneller Stufe etwa **5 Minuten** kneten, bis diese vollständig eingearbeitet ist. (Alternativ etwa **12 Minuten** per Hand kneten.)

❷ Die Schüssel abdecken und den Teig **2 Stunden** bei **Raumtemperatur** ruhen lassen.

❸ Für die Füllung Zucker und Zimt mischen.

❹ Den Teig auf der leicht bemehlten Arbeitsfläche zu einem etwa 60 × 40 cm großen Rechteck ausrollen, mit der weichen Butter bestreichen und mit der Zimt-Zucker-Mischung bestreuen. Dann von der kurzen Seite her straff aufrollen.

❺ Die Teigrolle in zwölf etwa 3–4 cm dicke Scheiben (à etwa 115 g) schneiden – das geht mit einem dünnen Bindfaden, einem Nylonfaden oder Zahnseide besonders gut. Dazu den Faden einfach unter die Rolle ziehen, oberhalb überkreuzen und zuziehen.

❻ Im Abstand von 1–2 cm zueinander mit den Schnittflächen auf ein mit Backpapier ausgelegtes Backblech legen, abdecken und über Nacht **8–12 Stunden** in den Kühlschrank stellen.

TAG 2

❼ Am nächsten Morgen den Backofen gut auf **190 °C** Ober-/Unterhitze vorheizen.

❽ Das Backblech in den vorgeheizten Ofen auf die unterste Schiene schieben und **15–20 Minuten** backen.

❾ Herausnehmen und auf einem Küchengitter abkühlen lassen.

SO GEHT'S AUCH Statt der Nachtgare die fertigen Teiglinge 2 Stunden abgedeckt bei Raumtemperatur reifen lassen und wie angegeben backen.

TAG 1
MEHLKOCHSTÜCK
ca. 15:00 Uhr zubereiten,
5 Minuten

TEIG
ca. 16:45 Uhr kneten,
11–16 Minuten

FORMEN
ca. 20:00 Uhr teilen und rollen,
5 Minuten
ca. 20:15 Uhr flechten,
5 Minuten

TAG 2
OFEN UND AUFSTRICH
ca. 07:00 Uhr vorheizen
ca. 07:00 Uhr bestreichen,
3 Minuten
ca. 07:30 Uhr backen,
30 Minuten
ca. 07:30 Uhr Zuckerstreiche,
1 Minute

ERGIBT 1 BROT

MEHLKOCHSTÜCK
100 g Milch (3,5 % Fett)
25 g Weizenmehl Type 550

HAUPTTEIG
450 g Weizenmehl Type 550
plus etwas zum Bemehlen
50 g Dinkelmehl Type 630
220–250 g Milch (3,5 % Fett)
5 g Hefe
9 g Salz
15 g Zucker
60 g weiche Butter

EISTREICHE
1 Ei (Größe M)
1 Prise Salz

ZUCKERSTREICHE
20 g Zucker
50 g Wasser

Butterzopf

ZUBEREITEN ca. 30 Minuten **ABKÜHLEN** 30 Minuten
ENTSPANNEN 10 Minuten **RUHEN** 11–15 Stunden **BACKEN** 30 Minuten

TAG 1

❶ Für das Mehlkochstück Milch und Mehl in einen kleinen Topf geben, glatt verrühren und unter Rühren kochen, bis eine puddingähnliche Masse entsteht. Vom Herd nehmen, abdecken und mindestens **30 Minuten** abkühlen lassen (am besten mehrere Stunden).

❷ Für den Hauptteig das Mehlkochstück in die Rührschüssel der Küchenmaschine geben, beide Mehle, 220 g Milch, Hefe, Salz und Zucker hinzufügen und mit dem Knethaken erst bei langsamer Geschwindigkeit **2–3 Minuten,** dann auf schneller Stufe weitere **6–8 Minuten** kneten, dabei bei Bedarf nach und nach die restliche Milch hinzufügen. Butter zugeben und **3–5 Minuten** einarbeiten.

❸ Die Schüssel abdecken und den Teig **3 Stunden** bei **Raumtemperatur** ruhen lassen.

❹ Den Teig auf einer leicht bemehlten Arbeitsfläche in drei gleich große Stücke (à etwa 300 g) teilen und jeweils zu etwa 25 cm langen Strängen rollen. Dann **10 Minuten** entspannen lassen und zu etwa 80 cm langen Strängen ausrollen.

❺ Die Teigstränge zu einem Zopf flechten, auf ein mit Backpapier ausgelegtes Backblech legen, abdecken und über Nacht **8–12 Stunden** im Kühlschrank ruhen lassen.

TAG 2

❻ Am nächsten Morgen den Backofen gut auf **200 °C** Ober-/Unterhitze vorheizen.

❼ Für die Eistreiche das Ei mit dem Salz verquirlen, den Teigling damit bestreichen und noch etwas ruhen lassen.

❽ In den vorgeheizten Ofen auf die unterste Schiene schieben und **30 Minuten** backen.

❾ Inzwischen für die Zuckerstreiche den Zucker im Wasser auflösen.

❿ Das Blech aus dem Ofen nehmen, den Zopf sofort mit der Zuckerstreiche bepinseln und auf einem Küchengitter abkühlen lassen.

SO GEHT'S AUCH Statt der Nachtgare den fertigen Teigling 2 Stunden abgedeckt bei Raumtemperatur reifen lassen und wie angegeben backen.

Babka mit Apfel-Zimt-Füllung

Babka mit Preiselbeerfüllung

REZEPTE SIEHE SEITEN 158–159

TAG 1
TEIG
ca. 16:00 Uhr kneten,
8–11 Minuten

FÜLLUNG
ca. 16:15 Uhr zubereiten,
25 Minuten

FORMEN
ca. 20:00 Uhr ausrollen,
bestreichen und aufrollen,
10 Minuten

TAG 2
OFEN
ca. 07:00 Uhr vorheizen
ca. 07:30 Uhr backen,
40 Minuten

ERGIBT 1 BROT

TEIG
400 g Weizenmehl Type 405 plus etwas zum Bemehlen
150 g Milch (3,5 % Fett)
5 g frische Hefe
1 Ei (Größe M)
6 g Salz
40 g Zucker
100 g Butter
Pflanzenöl zum Einfetten

FÜLLUNG
30 g brauner Zucker
400 g Äpfel (z. B. Pink Lady)
10 g Butter
50 g gehackte Walnusskerne
1 Pck. Vanillezucker
1 TL Vanillepaste (alternativ gemahlene Vanille)
1 ½ TL gemahlener Zimt
Saft von 1 Zitrone

AUSSERDEM
Kastenform (30 cm Länge)

Babka in zwei Varianten

Babka mit Apfel-Zimt-Füllung

ZUBEREITEN 30 Minuten **KOCHEN** ca. 15 Minuten **RUHEN** 12–14 Stunden **BACKEN** 40 Minuten

TAG 1

❶ Für den Teig Mehl, Milch, Hefe, Ei, Salz und Zucker in die Rührschüssel der Küchenmaschine geben und mit dem Knethaken bei langsamer Geschwindigkeit **2–3 Minuten** zu einem festen Teig kneten. Dann auf schnelle Geschwindigkeit stellen, die Butter nach und nach zugeben und **6–8 Minuten** kneten, bis sich der Teig von der Schüssel löst. (Alternativ **10–13 Minuten** per Hand kneten.)

❷ Die Schüssel abdecken und den Teig **4 Stunden** bei **Raumtemperatur** ruhen lassen.

❸ Parallel dazu für die Füllung Zucker in einen Topf geben und bei niedriger bis mittlerer Hitze karamellisieren lassen. Inzwischen die Äpfel schälen, entkernen, fein würfeln, in den Karamell rühren und dünsten. Währenddessen die Butter in eine kleine Pfanne geben und die Walnüsse darin kurz sanft rösten. Walnüsse, Vanillezucker, Vanillepaste, Zimt und Zitronensaft unter die Äpfel rühren und weiterdünsten, bis die Äpfel weich sind – das dauert insgesamt etwa **15 Minuten.** Vom Herd nehmen und vollständig auskühlen lassen.

❹ Den Teig auf einer leicht bemehlten Arbeitsfläche zu einem etwa 50 × 35 cm großen Rechteck ausrollen, mit der Apfel-Zimt-Füllung bestreichen und von der langen Seite her straff aufrollen.

❺ Die Rolle der Länge nach halbieren, die Stränge mit den Schnittkanten nach oben nebeneinanderlegen, miteinander verdrehen und in die mit Öl eingefettete (oder beschichtete) Kastenform legen. Abdecken und über Nacht **8–12 Stunden** im Kühlschrank ruhen lassen.

TAG 2

❻ Am nächsten Morgen den Backofen gut auf **200 °C** Ober-/Unterhitze vorheizen.

❼ Die Form in den vorgeheizten Ofen auf die unterste Schiene geben, die Temperatur direkt auf **170 °C** reduzieren und **40 Minuten** backen.

❽ Herausnehmen und auf einem Küchengitter abkühlen lassen.

SO GEHT'S AUCH Statt der Nachtgare den fertigen Teigling 2 Stunden abgedeckt bei Raumtemperatur reifen lassen und wie angegeben backen.

TAG 1
TEIG
ca. 16:00 Uhr kneten,
8–11 Minuten

KONFITÜRE
ca. 16:15 Uhr herstellen,
30–40 Minuten

FORMEN
ca. 20:00 Uhr ausrollen,
bestreichen und aufrollen,
10 Minuten

TAG 2
OFEN
ca. 07:00 Uhr vorheizen
ca. 07:30 Uhr backen,
40 Minuten

ERGIBT 1 BROT

TEIG
400 g Weizenmehl Type 405
plus etwas zum Bemehlen
150 g Milch (3,5 % Fett)
5 g frische Hefe
1 Ei (Größe M)
6 g Salz
40 g Zucker
100 g Butter
Pflanzenöl zum Einfetten

FÜLLUNG
325 g frische Preiselbeeren oder aufgetaute TK-Preiselbeeren
ca. 100 g Wasser
200 g Zucker

AUSSERDEM
Kastenform (30 cm Länge)

Babka mit Preiselbeerfüllung

ZUBEREITEN 25 Minuten **KOCHEN** 25–35 Minuten **RUHEN** 12–14 Stunden **BACKEN** 40 Minuten

TAG 1

❶ Für den Teig Mehl, Milch, Hefe, Ei, Salz und Zucker in die Rührschüssel der Küchenmaschine geben und mit dem Knethaken bei langsamer Geschwindigkeit **2–3 Minuten** zu einem festen Teig kneten. Dann auf schneller Stufe die Butter nach und nach zugeben und **6–8 Minuten** kneten, bis sich der Teig von der Schüssel löst. (Alternativ **10–13 Minuten** per Hand kneten.)
❷ Die Schüssel abdecken und den Teig **4 Stunden** bei **Raumtemperatur** ruhen lassen.
❸ Parallel dazu für die Füllung die Preiselbeeren waschen, in einen Topf geben und das Wasser zugießen (die Beeren sollten gerade bedeckt sein). Zum Kochen bringen und **15 Minuten** weich kochen.
❹ Den Zucker einrühren und so lange kochen lassen, bis die Masse zu einer dicken Konfitüre eingekocht ist, das dauert **20–30 Minuten.** Ab und zu eine Gelierprobe machen (siehe Tipp). Vom Herd nehmen und vollständig auskühlen lassen.
❺ Den Teig auf einer leicht bemehlten Arbeitsfläche zu einem etwa 50 × 35 cm großen Rechteck ausrollen, mit der Preiselbeerkonfitüre bestreichen und von der langen Seite her straff aufrollen.
❻ Die Rolle der Länge nach halbieren, die Stränge mit den Schnittkanten nach oben nebeneinanderlegen, miteinander verdrehen und in die mit Öl eingefettete (oder beschichtete) Kastenform legen. Abdecken und über Nacht **8–12 Stunden** im Kühlschrank ruhen lassen.

TAG 2

❼ Am nächsten Morgen den Backofen gut auf **200 °C** Ober-/Unterhitze vorheizen.
❽ Die Form in den vorgeheizten Ofen auf die unterste Schiene geben, die Temperatur direkt auf **170 °C** reduzieren und **40 Minuten** backen.
❾ Herausnehmen und auf einem Küchengitter abkühlen lassen.

MEIN TIPP Falls es schnell gehen muss, kannst du 400 g Preiselbeeren aus dem Glas verwenden. Für eine klassische Gelierprobe einen Tropfen Konfitüre auf einen kleinen Teller geben, abkühlen lassen und mit dem Finger prüfen, ob die Masse bereits fest genug ist.
SO GEHT'S AUCH Statt der Nachtgare den Teigling 2 Stunden abgedeckt bei Raumtemperatur reifen lassen und wie angegeben backen.

TAG 1
TEIG
ca. 16:45 Uhr kneten,
8–12 Minuten

FORMEN
ca. 20:00 Uhr ausrollen,
bestreichen und falten, 10 Minuten

FÜLLUNG
ca. 20:10 Uhr zubereiten,
5 Minuten

TAG 2
OFEN
ca. 07:00 Uhr vorheizen
ca. 07:30 Uhr backen,
ca. 20 Minuten

ERGIBT 2 BROTE

TEIG
500 g Weizenmehl Type 550 plus etwas zum Bemehlen
280 g Wasser
5 g frische Hefe
50 g Anstellgut (siehe Seite 18)
10 g Salz
10 g Butter

FÜLLUNG
200 g Zucker
400 g gemahlene Haselnüsse
2 Eiweiß (Größe M)
70 g Wasser
einige Tropfen Bittermandelaroma

Haselnuss-Handbrot

ZUBEREITEN 35 Minuten **RUHEN** 11–15 Stunden **BACKEN** ca. 20 Minuten

TAG 1

❶ Für den Teig alle Zutaten in die Rührschüssel der Küchenmaschine geben und mit dem Knethaken bei mittlerer Geschwindigkeit **8–10 Minuten** zu einem glatten Teig verkneten. (Alternativ **10–12 Minuten** per Hand kneten.)
❷ Die Schüssel abdecken und den Teig **3 Stunden** bei **Raumtemperatur** reifen lassen.
❸ Für die Füllung alle Zutaten in einer Schüssel gut verrühren.
❹ Den Teig auf einer leicht bemehlten Arbeitsfläche halbieren und jeweils zu etwa 40 × 30 cm großen Rechtecken ausrollen. Dann beide Teigplatten mit der Füllung bestreichen. Erst jeweils die kurzen Seiten leicht einschlagen, dann die langen jeweils zur Mitte hin leicht überlappend einschlagen, sodass gefüllte Teiglinge entstehen. Mit der Naht nach unten auf ein Backblech legen und über Nacht **8–12 Stunden** im Kühlschrank ruhen lassen.

TAG 2

❺ Am nächsten Morgen den Backofen gut auf **250 °C** Ober-/Unterhitze vorheizen.
❻ Die Teiglinge mit einer Teigkarte in jeweils sechs Stücke schneiden, aber die Stücke nicht mehr verschieben. Die Oberflächen mehrmals diagonal einschneiden.
❼ Das Blech in den vorgeheizten Ofen auf die unterste Schiene schieben, die Temperatur direkt auf **220 °C** reduzieren und mit Dampf (siehe Seite 31) etwa **20 Minuten** backen.
❽ Herausnehmen und auf einem Küchengitter abkühlen lassen.

SO GEHT'S AUCH Statt der Nachtgare die fertigen Teiglinge 2 Stunden abgedeckt bei Raumtemperatur reifen lassen und wie angegeben backen.

Brioche mit süßem Sauerteig

ZUBEREITEN 35 Minuten **RUHEN** 26–36 Stunden **BACKEN** 40 Minuten

TAG 1
SAUERTEIG
ca. 21:00 Uhr ansetzen, 2 Minuten

TAG 2
HAUPTTEIG
ca. 11:00 Uhr kneten, 18 Minuten

FORMEN
ca. 17:00 Uhr teilen, rollen und flechten, 10 Minuten

EISTREICHE
ca. 17:10 Uhr bestreichen, 3 Minuten

TAG 3
OFEN UND EISTREICHE
ca. 07:00 Uhr vorheizen
ca. 07:00 Uhr bestreichen, 1 Minute
ca. 07:30 Uhr backen, 40 Minuten

ERGIBT 1 BROT

SÜSSER SAUERTEIG
10 g Anstellgut (siehe Seite 18)
100 g Weizenmehl Type 550
100 g handwarmes Wasser
30 g Zucker

HAUPTTEIG
240 g Ei (ca. 4 Eier (Größe M))
240 g Milch (3,5 % Fett)
800 g Weizenmehl Type 550 plus etwas zum Bemehlen
100 g Zucker
8 g Vanillezucker
18 g Salz
250 g kalte Butter
Pflanzenöl zum Einfetten

EISTREICHE
1 Ei (Größe M)
1 EL Milch (3,5 % Fett)
Prise Salz

AUSSERDEM
Kastenform (30 cm Länge)

TAG 1

❶ Für den süßen Sauerteig alle Zutaten in eine Schüssel geben, mit einem Kochlöffel kräftig verrühren, abdecken und über Nacht **12–14 Stunden** reifen lassen.

TAG 2

❷ Für den Hauptteig 100 g süßen Sauerteig, Ei und Milch in die Rührschüssel der Küchenmaschine geben und mit dem Handschneebesen verquirlen. Dann Mehl, Zucker und Vanillezucker hinzufügen und mit dem Knethaken erst bei langsamer Geschwindigkeit **3 Minuten,** dann **10 Minuten** auf schneller Stufe kneten.
❸ Salz dazugeben und nach und nach die Butter in Stücken zum Teig geben und noch **5 Minuten** schnell kneten, bis sie vollständig eingearbeitet ist.
❹ Die Schüssel abdecken und den Teig bei **Raumtemperatur** etwa **6 Stunden** bei **22–23 °C** (oder **9 Stunden** bei **19–20 °C)** gehen lassen, bis sich das Teigvolumen mindestens verdoppelt hat.
❺ Den Teig auf einer bemehlten Arbeitsfläche in drei gleich große Stücke (à etwa 580 g) teilen und zu gleichmäßig dicken, etwa 50 cm langen Strängen rollen. Aus diesen einen Zopf flechten und in die mit Öl eingefettete Kastenform legen.
❻ Für die Eistreiche Ei, Milch und Salz verrühren und den Teigling mit der Hälfte davon bestreichen. Abdecken und über Nacht **8–16 Stunden** im Kühlschrank reifen lassen. Die restliche Eistreiche ebenfalls abdecken und kalt stellen.

TAG 3

❼ Am nächsten Morgen den Backofen gut auf **220 °C** Ober-/Unterhitze vorheizen.
❽ Die Teigoberfläche mit der restlichen Eistreiche bepinseln und noch etwas ruhen lassen.
❾ Die Kastenform in den vorgeheizten Ofen auf die unterste Schiene geben, die Temperatur direkt auf **180 °C** reduzieren und die Brioche **40 Minuten** backen.
❿ Herausnehmen und auf einem Küchengitter abkühlen lassen.

MEIN TIPP Den restlichen Sauerteig für den nächsten Sauerteigansatz aufheben (siehe Seite 20).

SO GEHT'S AUCH Statt der Nachtgare die fertigen Teiglinge 4 Stunden abgedeckt bei Raumtemperatur reifen lassen und wie angegeben backen.

Ob morgens zum Frühstück oder nachmittags zum Kaffee: Brioche geht einfach immer!

Glossar

AKTIVIERUNG siehe Auffrischung

ANSTELLGUT Einen Sauerteigrest, der aufbewahrt wird, um später weiterverarbeitet zu werden, nennt man Anstellgut, auch Sauerteigstarter oder Grundsauer. Mit etwas Anstellgut, Mehl und Wasser wird ein neuer Sauerteig angesetzt. Aufbewahrtes Anstellgut dient der Sauerteigsicherung (siehe Seite 17).

AUFFRISCHUNG Ein Sauerteig bzw. Anstellgut muss aktiv gehalten werden, deshalb wird er mit Mehl und Wasser gefüttert und dadurch aufgefrischt bzw. aktiviert (siehe Seite 19).

AUTOLYSETEIG Teigvorstufe aus Mehl und Wasser (fast immer) ohne weitere Zugaben, vor allem ohne Triebmittel (siehe Seite 12).

BRÜHSTÜCK Feste, gröbere oder sehr trockene Zutaten wie Saaten, Schrot, Nüsse und Trockenfrüchte, die man in den Teig einarbeiten möchte, werden mit kochendem Wasser übergossen und quellen eine gewisse Zeit (siehe Seite 12).

EISTREICHE Meist mit Milch, Sahne oder Wasser verquirltes Eigelb oder Ei zum Benetzen von Teiglingen vor dem Backen, damit die Backwaren einen schönen Glanz erhalten.

FERMENTATION Stoffwechselprozess durch Abbau und Umwandlung organischer Stoffe, beim Teig durch Enzyme und Mikroorganismen wie Milchsäurebakterien und Hefe hervorgerufen (siehe Seite 13 ff.).

FERMENTOLYSETEIG Neben Mehl und Wasser wird bei dieser Teigvorstufe noch ein Triebmittel, meistens Sauerteig, zur Fermentolyse hinzugegeben (siehe Seite 12).

GÄRKÖRBCHEN Kann aus verschiedenen Materialien bestehen und dient als Gefäß, um den fertig gekneteten Teig reifen zu lassen (siehe Seite 25).

GÄRUNG siehe Fermentation

GLANZSTREICHE Das Bepinseln von Teiglingen oder frisch gebackenem Brot mit Wasser oder einem Wassergemisch verleiht einen wunderschönen Glanz.

GLUTEN Auch Klebereiweiß genannt, ist ein Speicherprotein, das in einigen Getreidesorten wie Weizen, Dinkel, Emmer, Roggen und Gerste vorkommt und viel Wasser binden kann.

GLUTENGERÜST Wird Mehl mit Wasser angemischt, quillt es und bildet ein Glutengerüst, auch Klebergerüst genannt. Durch Kneten der Mischung wird dieser Vorgang beschleunigt.

GRUNDSAUERTEIG, GRUNDSAUER siehe Anstellgut

HEFE (BACKHEFE) Einzellige Mikroorganismenart, die durch Verstoffwechselung von Kohlenhydraten in Kohlenstoffdioxid und Alkohol für eine schnelle Gärung des Teigs sorgt (siehe Seite 13).

KLEBEREIWEISS siehe Gluten

KLEBERGERÜST siehe Glutengerüst

KRUME Das weiche feuchte Innere eines Brots oder Brötchens.

KRUSTE Harte, oft knusprige Hülle eines Brots oder Brötchens.

LANGWIRKEN Das Formen von länglichen Teiglingen in einer speziellen Weise (siehe Seite 24).

MEHLKOCHSTÜCK Eine Teigvorstufe, bei der Mehl mit Wasser oder Milch oder einer anderen

Flüssigkeit verrührt und zu einer dicklichen Masse gekocht wird (siehe Seite 13).

MILCHSÄUREBAKTERIEN Laktobakterien sind nützliche Darmbakterien, die für eine gute Verdauung sorgen und überall vorkommen. Sie sind wichtige Mikroorganismen beim Fermentationsprozess von Sauerteig (siehe Seite 16 ff.).

NATRONLAUGE Eine Lösung von Natriumhydroxid in Wasser (NaOH), die für Laugengebäck verwendet wird (siehe Seite 34).

POOLISH Mehl und Wasser werden meistens zu gleichen Teilen mit einer sehr geringen Menge Hefe gemischt. Nach einer langen Ruhezeit entsteht ein sehr weicher Vorteig (siehe Seite 12).

QUELLSTÜCK Feste, gröbere oder sehr trockene Zutaten, zum Beispiel Saaten und Schrot oder auch Nüsse und Trockenfrüchte, die man in den Teig einarbeiten möchte, werden mit kaltem Wasser vermischt, sodass sie quellen können (siehe Seite 12).

REIFEN LASSEN Auch Gehzeit oder Gare genannt. Phase zwischen Teigherstellung und Backen, in der der Teig meist stark an Volumen gewinnt (siehe Seite 26).

RUNDSCHLEIFEN Das Formen von kleineren runden Teigkugeln in einer speziellen Weise (siehe Seite 24).

RUNDWIRKEN Das Formen von runden Teiglingen in einer speziellen Weise (siehe Seite 24).

SAUERTEIG Ein säuerlicher Teig, der auf einer Kombination von natürlich vorkommenden Hefepilzen (wilde Hefe) und nützlichen Laktobakterien (Milchsäurebakterien) basiert, die den Teig langsam fermentieren (siehe Seite 16).

SAUERTEIGSTARTER siehe Anstellgut

TEIGFÜHRUNG Der Prozess vom Anmischen des Mehls mit den anderen Zutaten bis zum Kneten und Reifen des Teigs wird Teigführung genannt. Es gibt verschiedene Methoden wie die direkte und indirekte Teigführung (siehe Seite 26) sowie die warme und kalte Teigführung (siehe Seiten 26–27).

TROCKENHEFE (TROCKENBACKHEFE) Trockene Form von frischer Hefe, die beim Teiganmischen durch die Verbindung mit Wasser wieder aktiviert wird (siehe Seite 14).

TYPE, MEHLTYPE Maß für den Mineralstoffgehalt und damit den Ausmahlgrad eines Mehls. Ein Mehl mit niedriger Typennummer (Auszugsmehl) besteht aus dem inneren Getreidekorn, also ohne Schalenbestandteile, und ist deshalb hell. Weniger ausgemahlene Mehle mit höherer Typennummer sind dunkler und enthalten mehr Mineralstoffe (siehe Seite 8).

ÜBERNACHTGARE Der Teig wird am Vorabend hergestellt und reift über Nacht im Kühlschrank (siehe Seite 28).

VOLLKORNMEHL Ein aus ganzen Getreidekörnern gewonnenes Mehl (siehe Seite 10).

VOLLWERTIG Zu einer vollwertigen Ernährung zählen Vollkornprodukte und naturbelassene, möglichst biologisch angebaute Lebensmittel (siehe Seite 10).

VORSTUFE siehe Vorteig

VORTEIG Bei der indirekten Teigführung eine Teigvorstufe, die nachher in den Hauptteig eingearbeitet wird (siehe Seite 12).

Rezeptverzeichnis

VERLAGSDANK Lieber Jo, deine Freude und Begeisterung für frisches Brot sind einfach ansteckend! Du hast es geschafft, das Brotbacken mit Übernachtgare so einfach und alltagstauglich zu machen wie kaum jemand zuvor, dazu auch noch unglaublich lecker und gesund – und das mit einer Leichtigkeit, die Lust auf mehr macht. Wir danken dir für die großartige Zusammenarbeit! Ganz herzlichen Dank an Alexandra Vogel für die immense Unterstützung im Hintergrund, dein offenes Ohr zu jeder Zeit war Gold wert. Christine Kluge, wir sind sehr glücklich, dass du uns für dieses tolle Projekt zusammengebracht hast, danke dafür. Hubertus Schüler, danke für die schönen Food-Fotos, für deine Spontaneität und Unterstützung rund um die gesamte Fotoproduktion. Benedikt Obermeier, danke für die Fotoassistenz und Bildbearbeitung. Justyna Schwertner, deine Porträts verleihen dem Buch seinen ganz persönlichen Charakter, vielen Dank! Ganz herzlichen Dank ebenso an Şebnem Yavuz für das Rezeptlektorat und an Doreen Köstler für das Lektorat.

Der Verlag dankt allen Beteiligten, die durch ihre Mithilfe und Unterstützung zum Gelingen dieses Buches beigetragen haben. Für ihre unermüdlichen Bemühungen um die außerordentliche Qualität danken wir unseren Mitarbeiterinnen und Mitarbeitern, ganz besonders Anne Krause sowie Valerie Mayer, Markus Neis, Lena Vaßen, Annika Steinacker und Katerina Stegemann.

Impressum

Originalausgabe
Becker Joest Volk Verlag GmbH & Co. KG
Bahnhofsallee 5, 40721 Hilden, Deutschland

3. Auflage Januar 2024

ISBN 978-3-95453-302-2

AUTOR Jo Semola
COVERPORTRÄT, FOOD- UND STILLFOTOGRAFIE Hubertus Schüler
FOTO-ASSISTENZ Benedikt Obermeier
PROJEKTLEITUNG Valerie Mayer
LEITUNG GRAFIK, COVERGESTALTUNG, PORTRÄTS Dipl.-Des. Justyna Schwertner
LAYOUT, BUCHGESTALTUNG, BUCHSATZ Dipl.-Des. Anne Krause
BILDBEARBEITUNG Dipl.-Des. Markus Neis, Benedikt Obermeier
FACHLEKTORAT REZEPTE Şebnem Yavuz
LEKTORAT Doreen Köstler
DRUCK Mohn Media Mohndruck GmbH

KNETEN, BACKEN, TEILEN Schnappe dir dein Handy, fotografiere dein frisches Brot und verlinke uns auf Instagram über @jo.semola und @bjvverlag! Backen verbindet!

BECKER
JOEST
VOLK
VERLAG
www.bjvv.de

Der Einkaufs- und Ernährungsassistent für unsere Kochbücher

ABSCHREIBEN ODER ABFOTOGRAFIEREN WAR GESTERN Rezepte aus unseren Kochbüchern lassen sich kostenlos auf www.mengenrechner.de an individuelle Portionsgrößen anpassen und als E-Mail auf dein Smartphone schicken oder gleich dort aufrufen. Zutaten lassen sich streichen, neue Zutaten ergänzen.

REZEPT- UND ZUTATENFILTER Suche zum Beispiel nach veganen, vegetarischen, glutenfreien, laktosefreien oder nach Rezepten mit Zutaten, die du noch vorrätig hast. Speichere Lieblingsrezepte und Einkaufslisten.

PERSÖNLICHER ERNÄHRUNGSASSISTENT Berechne wissenschaftlich deinen täglichen Kalorienbedarf und -verbrauch. Lege Maximalwerte für Kalorien- oder Kohlenhydrataufnahme fest. Führe Tagesprotokolle mit Nährwertbilanz.